14 Días para una Felicidad Sostenible

un libro de trabajo para cada cerebro

Loretta Breuning, PhD
Inner Mammal Institute

Traducido por:

Andrés Cabezas Corcione, PhD, Gabriela Cordero, Alejandro Guerra Aguilera, Claudia Juárez, Manuel Óscar Morales Torres, PhD, Rafael Peiró, Johanna Pinto Cáceres, Alina Restrepo Upegui, Aracely Reyna Moreno

Copyright © 2021
Loretta Graziano Breuning, PhD
Inner Mammal Institute
Instituto del Mamífero Interior
innermammalinstitute.org
todos los derechos reservados

Este libro está dedicado a
los maravillosos lectores que me dan
valioso feedback.
Me recuerdan cada día que
¡Todos somos mamíferos!

CONTENIDO

		pagina
Día 1	Tu poder sobre tu cerebro	1
Día 2	La alegría de la dopamina	17
Día 3	La seguridad de la oxitocina	33
Día 4	El orgullo de la serotonina	46
Día 5	El desafío de las endorfinas	59
Día 6	El dolor del cortisol	67
Día 7	Tu pasado de dopamina	80
Día 8	Tu pasado de oxitocina	93
Día 9	Tu pasado de serotonina	107
Día 10	Tu pasado de cortisol	122
Día 11	Tu futuro de dopamina	134
Día 12	Tu futuro de oxitocina	145
Día 13	Tu futuro de serotonina	161
Día 14	Diseña tus rutas sostenible	176

MÁS LIBROS DE

Loretta Graziano Breuning, PhD

Hábitos de un Cerebro Feliz:
Reentrena tu cerebro para aumentar los niveles de serotonina, dopamina, oxitocina y endorfina
edición inglés:
Habits of a Happy Brain:
Retrain your brain to boost your serotonin, dopamine, oxytocin and endorphin levels

La Ciencia del Pensamiento Positivo:
Acaba con tus patrones de pensamiento negativo modificando tu química cerebral
edición en inglés:
The Science of Positivity: Stop Negative Thought Patterns By Changing Your Brain Chemistry

Status Games:
Why We Play and How to Stop

Tame Your Anxiety:
Rewiring Your Brain for Happiness

Prefacio

UNA NUEVA VISIÓN DE LA FELICIDAD

Este cuaderno de trabajo te ayuda a encontrar el poder sobre tus neurotransmisores de la felicidad: dopamina, serotonina, oxitocina, y endorfina. Es un programa paso a paso que te dice lo que estimula buenos sentimientos, y cómo puedes conseguir más. Debo decir que no hay camino fácil ni rápido. Pero puedes encontrar formas sostenibles para encender los neurotransmisores de la felicidad y reemplazar cualquier hábito insostenible de felicidad que ya tengas.

Lo más importante es que crearás expectativas realistas. Nuestros neurotransmisores de la felicidad no están diseñados para fluir todo el tiempo. Ellos evolucionaron para recompensarte por pasos que satisfacen tus necesidades. Pequeños pasos son suficientes para estimular tus neurotransmisores si sigues caminando. En las próximas dos semanas, aprenderás a dar pasos realistas y disfrutarás las recompensas de los neurotransmisores de la felicidad.

Este nuevo método está fundamentado en biología básica. Puedes encontrar explicaciones científicas más completas en mi libro: **Hábitos para un Cerebro Feliz: Reentrena tu cerebro para estimular tus niveles de serotonina, dopamina, oxitocina y endorfina.** Este cuaderno de trabajo es compañero de ese libro.

Nuestros neurotransmisores de la felicidad están controlados por rutas neuronales construidas por experiencias pasadas. Este libro te ayuda a descubrir

tus rutas únicas y tu poder para construir nuevas. No hay un camino correcto hacia la felicidad porque cada cerebro está conectado conforme a sus propias experiencias de vida. Cada uno de nosotros debemos administrar el cerebro que tenemos. Te puede hacer sentir bien el comprender las conexiones que has creado y agregar las que sean necesarias. Tú no puedes hacer esto si estás enfocado en el cerebro de otros, esta es la razón por la que este libro tiene pocos ejemplos.

Si estás deseoso de ejemplos, pasa al Día 14 (¡el final feliz!).

Puedes usar este cuaderno de trabajo sólo o con consejería profesional. También podrías usarlo con un grupo, así puedes discutir tus respuestas de los ejercicios con otras personas. Si quieres crear tu propio grupo de apoyo, la Dra. Breuning hará una sesión de preguntas y respuestas al completar los 14 días. Contáctala en innermammalinstitute.org

El método presentado en este libro no está afiliado a religión, terapia o filosofía alguna. Solo está basado en el trabajo del Instituto del Mamífero Interior. (InnerMammalInstitute.org) Cada lector encajará la nueva información con sus creencias a su propia manera.

¿Qué es el Instituto del Mamífero Interior?

No es acerca de animales realmente.

No es acerca de la felicidad como lo describe tu cerebro verbal.

Es acerca de los neurotransmisores de la felicidad que hemos heredado de los mamíferos que nos anteceden: dopamina, serotonina, oxitocina y endorfina. Estos químicos están diseñados para realizar un trabajo, no para fluir. Cuando tú sabes cómo trabajan en los animales, puedes encontrar caminos saludables para estimular los tuyos. Puedes entrenar tu cerebro mamífero y tu cerebro verbal para trabajar juntos. ¡Nada está mal contigo! ¡Nada está mal con nosotros! Nosotros somos mamíferos. Consigue la historia completa en: InnerMammalInstitute.org. (Los recursos en español los puedes encontrar en: InnerMammalInstitute.org/espanol.)

Aclaraciones:
Este libro no pretende ser un tratamiento médico.
Nada en este libro pretende apoyar el incumplimiento de la ley. La regla de la ley nos beneficia a todos.

TU PODER SOBRE TU CEREBRO

Hoy aprenderás:

o por qué todo el mundo tiene altibajos
o cómo producimos nuestros sentimientos
o cómo encontrar tu poder sobre tus emociones

Cuando te sientes bien, tu cerebro está liberando un producto químico de la felicidad: dopamina, serotonina, oxitocina o endorfina. Nosotros queremos estos grandes sentimientos todo el tiempo, pero nuestros neurotransmisores no funcionan de esa manera. Ellos están diseñados para realizar tareas específicas, y cuando conoces las tareas, puedes encontrar maneras saludables de estimularlos. Encontrarás rutas sostenibles hacia tus químicos de felicidad, y las repitirás hasta que se sientan naturales.

La felicidad no debe ser tan difícil, podrías decir. Te puede parecer como que otros consiguen los neurotransmisores de la felicidad fácilmente. La verdad es que no lo consiguen. El cerebro evolucionó para promover la supervivencia, no para hacerte feliz. Tu cerebro conserva los neurotransmisores de la felicidad para momentos en que ayuden a resolver una necesidad de supervivencia. Los neurotransmisores de infelicidad te ponen en alerta cuando ves amenazas para cubrir una necesidad. Pero nuestro cerebro define "necesidades" de una forma particular. Esas particularidades son el tema de la lección de hoy.

Nosotros los humanos tenemos dos cerebros: un córtex que es único en los humanos y un sistema límbico que es casi igual en todos los mamíferos. Este cerebro mamífero controla los productos químicos que nos hacen sentir bien o mal, mientras la parte humana de nuestro cerebro controla el lenguaje y el pensamiento abstracto. Tu córtex humano no controla tus neurotransmisores, y tu cerebro mamífero no puede procesar el lenguaje. Así que nuestros dos cerebros no lo son literalmente en términos de habla, por lo que es difícil dar sentido a nuestras emociones.

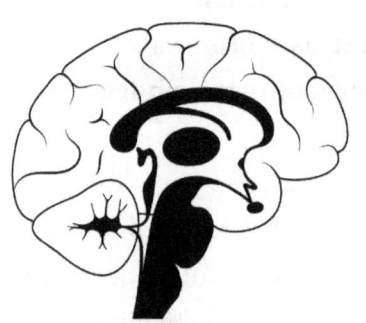

Tu cerebro mamífero no te puede decir en palabras por qué se enciende o se apaga un sentimiento. Tu córtex humano acaba por adivinar. Tu cerebro mamífero ve las cosas como un asunto de vida o muerte porque este evolucionó para promover la supervivencia. Tu cerebro verbal no piensa conscientemente esto, así que sale con "buenas razones" para explicar el aumento de los neurotransmisores o simplemente los ignora.

Nosotros tenemos dos cerebros porque necesitamos los dos. No pienses que tu cerebro animal es el chico malo. No pienses que tu cortex es el chico malo. Cada cerebro tiene un trabajo esencial. Cuando ellos trabajan juntos, puedes encontrar nuevas formas para sentirte bien. Tú puedes ayudar a tus dos cerebros a trabajar juntos como un caballo y su jinete. Tú puedes hacer las paces con tu mamífero interior dándole lo que necesita en formas seguras y saludables.

Las investigaciones en animales nos ayudan a comprender qué desencadena los neurotransmisores de la felicidad en nuestro cerebro inferior. Esta semana, encontrarás qué desencadena la dopamina, serotonina, oxitocina y endorfina en los animales, así como el químico amenazante del cortisol. Verás cómo estos neurotransmisores están controlados por viejas rutas neuronales. La próxima semana, estarás listo para identificar tus propias rutas y tendrás poder para reconectarlas.

Humanos y animales difieren en formas importantes. Criaturas con cerebros más pequeños están más conectadas al nacer. Ellas dejan el hogar a una edad joven porque ya están realmente conectadas con las habilidades de supervivencia de sus antepasados. Criaturas con cerebros más grandes tienen infancias más prolongadas porque ellas construyen sus habilidades de supervivencia a través de experiencias vividas en lugar de nacer con ellas. Tus conexiones fueron construidas por tus propias experiencias a temprana edad. Tú no piensas conscientemente acerca de tu infancia cuando das algunos pasos para cubrir tus necesidades, pero cada cerebro actúa conforme a las conexiones que tiene.

Nadie tiene conexiones perfectas porque las experiencias de la infancia no son una guía perfecta para los retos de un adulto. Todos necesitamos actualizar nuestras rutas neuronales. Cuando tú sabes cómo hacer esto, tienes poder sobre tus emociones.

Las emociones parecen diferentes de las habilidades de supervivencia hasta que entiendes cómo opera el sistema que hemos heredado. En el mundo animal, las cosas que te hacen sentir bien son buenas para ti. La selección natural construyó un cerebro que se enciende con buenos neurotransmisores cuando haces cosas que promueven la preservación de tus genes. Estos neurotransmisores pavimentan las rutas del cerebro, lo que hace más fácil repetir el comportamiento que los produjo anteriormente. El cerebro animal motiva acciones de supervivencia haciéndolo sentir bien.

Esto hace la vida complicada hoy. Nuestros ancestros distantes vieron la vida de manera distinta. Ellos tenían que buscar comida constantemente para sobrevivir. Ellos eran felices cuando encontraban algo bueno para comer. La comida se acababa pronto, así que siempre estaban buscando más. Los neurotransmisores de la felicidad los motivaban a repetir comportamientos que previamente los habían hecho felices. Hemos heredado un cerebro que busca cosas que nos hicieron sentir bien anteriormente.

Esto crea problemas en el mundo actual, en donde las cosas que te hacen sentir bien no son necesariamente buenas para tu supervivencia. Tus emociones en el corto plazo no son necesariamente una buena guía para tu bienestar a largo plazo.

Pero tampoco puedes ignorar tus emociones. Ellas están diseñadas para motivarte a la acción. Tu cerebro verbal por sí solo no puede desencadenar la acción, aunque hable de ellas sin parar. Tus dos cerebros tienen que trabajar juntos para dar pasos que satisfagan tus necesidades.

Esta es una habilidad compleja, pero con práctica, puedes entrenar tus dos cerebros para que trabajen juntos. Tú puedes hallar buenos sentimientos en formas que sean buenas para ti.

Cada cerebro actúa conforme a sus conexiones construidas por sus propias experiencias ya vividas. Las neuronas se conectan cuando los 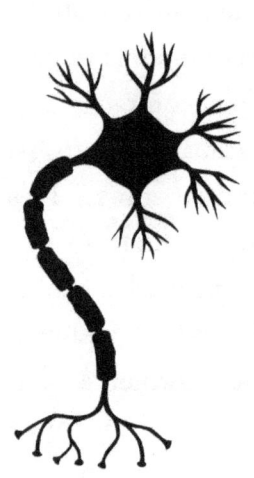 neurotransmisores fluyen, así que cualquier cosa que te hizo sentir bien en el pasado construye conexiones que enciendan rápidamente los neurotransmisores en situaciones semejantes hoy. Las neuronas también se conectan cuando los neurotransmisores de infelicidad fluyen, así que cualquier cosa que te hizo sentir mal en el pasado te lleva a sentirte mal más rápidamente en situaciones similares hoy. Ésta es la razón por la que todos somos seres únicos y no hay una receta para la felicidad. Cada quien puede encontrar felicidad gestionando el cerebro que tiene. Cada quien puede aceptar sus propias conexiones, diseñar nuevas redes y acceder a nuevos caminos a través de su selva de neuronas.

Nosotros tenemos mucho en común a pesar de nuestras individualidades. Todos anhelamos los neurotransmisores de la felicidad porque es como nuestro cerebro está diseñado para trabajar. Todos nos sentimos frustrados porque nuestros químicos se encienden y se apagan por razones que es difícil encontrarles sentido. Y todos tenemos el poder de crear nuevas rutas neuronales repitiendo nuevos pensamientos o comportamientos.

No hay neurotransmisores gratuitos en el mundo animal. Una criatura trabaja duro para conseguir la dopamina, serotonina, u oxitocina. Y los químicos de amenaza llenan su vida. El cerebro mamífero libera los neurotransmisores de la felicidad en pequeñas proporciones, así que siempre tienes que hacer más para lograr más. Los químicos son rápidamente metabolizados, así que cualquier buen sentimiento acaba rápido. El cerebro animal está diseñado para motivarte a dar el siguiente paso. No está diseñado para hacerte sentir bien si estás sentado en el sofá.

Pero pasos que te hacen sentir bien ahora podrían ser malos para ti en un futuro. Cuando aparecen posteriormente las malas consecuencias, te motivan a hacer lo que se necesita para sentirse mejor. Puedes terminar mal de nuevo. Afortunadamente, puedes escapar de esta repetición aprendiendo formas más sostenibles para estimular los neurotransmisores de la felicidad. Demos una mirada más profunda a lo que los estimula.

Nuestro cerebro libera los neurotransmisores cuando ve una forma de promover la supervivencia, pero define supervivencia en formas muy particulares. Aquí hay cinco grandes modos de cómo lo hace.

#1

Nuestro cerebro cuida la supervivencia de nuestros genes

No lo hace de manera consciente y en los animales tampoco pas así. Pero la selección natural construyó un cerebro que recompensa los comportamientos que sirven para difundir los genes con los neurotransmisores de la felicidad. Estos comportamientos incluyen: amor, deseo, crianza de los hijos, encontrar aliados, proteger el territorio, la misión siempre popular de lucir bien, y el interés por saber quién le gusta a quién. Nosotros hacemos estas cosas porque al hacerlas el cerebro se siente bien. Pero el cerebro mamífero no puede explicar por qué, así que tu cerebro verbal emerge con explicaciones sofisticadas de por qué lo haces. Es difícil creer que los comportamientos para la difusión de los genes produzcan los neurotransmisores de la felicidad. Esto ayuda a saber que las tasas de supervivencia fueron muy bajas en el estado de la naturaleza. Tú estás hoy aquí porque tus ancestros hicieron lo que correspondía para mantener vivos sus genes. ¡Todos descendemos de sobrevivientes!

Las habilidades sociales ayudan a difundir los genes en el mundo animal. Estamos tentados a definir habilidades sociales de una forma romántica, pero el cerebro mamífero recompensa lo que funciona. Afirmarte funciona. Construir alianzas funciona. Lo que haya ayudado a nuestros ancestros a sobrevivir es lo que el cerebro mamífero premia. Por eso te sientes bien cuando tienes éxito en afirmarte o construyendo alianzas.

Cualquier obstáculo para difundir tus genes es una amenaza de supervivencia desde la perspectiva de tu cerebro mamífero. Esa es la razón por la cual reaccionan fuertemente tus neurotransmisores de amenaza cuando tu pelo se ve mal, o un amigo no te devolvió una llamada, o tu hijo tiene problemas en la escuela. Tú no ves de manera consciente estas frustraciones como amenazas para la supervivencia de tus genes, pero has heredado un cerebro que mantiene vivos a tus ancestros.

2

Nuestro cerebro se enfoca en necesidades no satisfechas

Nuestro cerebro de supervivencia no desperdicia los neurotransmisores de la felicidad en el mismo viejo asunto. Los ahorra para el momento en el que satisfaces una necesidad no resuelta. Si tus ancestros encontraron un árbol de frutas y se llenaron con fruta, el buen sentimiento pronto se detendrá porque esa necesidad ya fue satisfecha. Entonces, el encontrar proteína dispararía sus neurotransmisores de la felicidad porque esa necesidad nutricional no había sido satisfecha. El cerebro mamífero toma lo que ya tienes garantizado y resguarda los neurotransmisores de la felicidad para nuevas formas de promover la supervivencia.

Por supuesto, tú no piensas esto conscientemente. Tu cerebro simplemente se acostumbra a lo que llega. Por ejemplo, tú podrías amar el aroma de una flor, pero atando una flor a tu nariz no te hará feliz porque pronto dejarás de notarla. Tu cerebro está diseñado para escanear al mundo para encontrar nueva información que cubra tus necesidades.

Si estuvieras sediento en el desierto, tú estarías entusiasmado por ver una señal de agua a lo lejos. Pero tener agua ilimitada no te hace feliz hoy porque esa necesidad está ya satisfecha. Por eso la gente se enfoca en lo que no tiene, a pesar de sus mejores intenciones.

Las imperfecciones de esta mentalidad son obvias, así que tú podrías insistir en que nosotros no deberíamos pensar de esa manera. Pero tu cerebro piensa de esa forma, así que lo mejor es comprenderlo. En el mundo moderno, las necesidades físicas son cubiertas más fácilmente, así que las necesidades sociales tienden a generar más neurotransmisores de la felicidad. Es por eso que los altibajos sociales disparan grandes emociones.

3

Nuestro cerebro confunde el pasado con el presente

Cada cerebro ve el mundo a través de unos lentes que ha construido a partir de sus propias experiencias pasadas. Un recién nacido no tiene experiencia, así que no puede cubrir sus propias necesidades, a pesar de tener un cerebro gigante comparado con los mamíferos antepasados. El mundo no tiene sentido hasta que tus neuronas se conectan a través de la activación repetida. Los buenos sentimientos que tú has experimentado en el pasado crearon conexiones

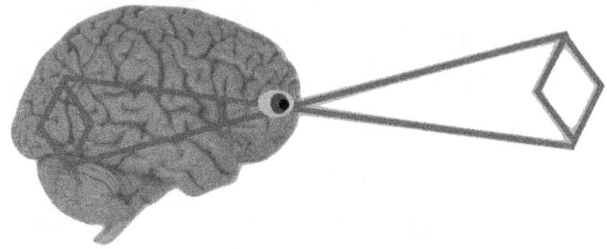

que te dicen dónde buscar buenos sentimientos hoy.

La experiencia pasada no es una guía perfecta para el futuro, por supuesto. Comer helado te podía hacer sentir bien en el pasado, pero una constante búsqueda de helado no sería un camino sostenible para una felicidad futura. Además mi cerebro espera buenos sentimientos del helado porque las rutas se construyen de experiencias.

Afortunadamente, el gran córtex humano puede usar las experiencias pasadas para hacer predicciones acerca del futuro. Yo puedo predecir lo que pasará si yo como demasiado helado. Yo puedo predecir otras formas para sentirme bien. Pero necesito experiencia para construir rutas para crear esas predicciones. De no ser así, yo seguiré comiendo helado.

En el mundo animal, el pasado es usualmente una buena guía para la vida. Experiencias pasadas con el aroma de la comida guía a los animales hacia sus recompensas, y la experiencia pasada con el olor de los depredadores ayuda a los animales a evitar daños. Sin embargo, para los humanos modernos, las alegrías y amenazas de la infancia no son necesariamente una buena guía para la vida. Además nuestro cerebro se mantiene dependiente de las viejas rutas hasta que construimos nuevas.

4
Tu cerebro se refleja con otros

Nosotros no tenemos la intención de reflejarnos con otros, pero las neuronas espejo lo hacen sin una intención consciente. Cuando ves a alguien obtener una recompensa, tus neuronas espejo desencadenan la misma ruta como si fueras quien hubiera obtenido la recompensa. Cuando ves a alguien enfrentando una amenaza, tus neuronas espejo disparan esa sensación de amenaza en ti. La sensación es más débil que una experiencia directa, pero con una activación repetida, se construye una ruta. El cerebro mamífero está diseñado para aprender de experiencias, así que si tú eres testigo de ciertas recompensas o amenazas repetidamente, te programas para responder rápidamente a esas recompensas o amenazas.

Las neuronas espejo permiten a los animales aprender habilidades observando sin la necesidad de hablar. Las neuronas espejo enseñaron a nuestros ancestros a huir de los depredadores cuando otros huían, y a encontrar comida en formas que funcionaron para otros. Tus estrategias de supervivencia están moldeadas por lo que tú has reflejado, más de lo que te imaginas.

5
Tu cerebro percibe su propia mortalidad

La muerte es una abstracción, y solo el córtex humano puede procesar abstracciones. El cerebro animal tiene cuidado de la supervivencia pero no comprende la muerte. Nosotros los humanos vemos la inevitabilidad de nuestro propio deceso. Por ello constantemente escaneamos amenazas potenciales del futuro, mientras que los animales solo se enfocan en sus amenazas inmediatas. Nosotros mejoramos nuestras vidas anticipando amenazas con la intención de prevenirlas, pero también nos aterrorizamos con nuestra propia búsqueda de amenazas. ¡Qué particularidad!

Como resultado, nosotros los humanos estamos ansiosos por aliviarnos de los sentimientos de amenaza. Afortunadamente, hay una alternativa sostenible: imaginando tu propio legado. Esto crea la sensación de que tu esencia individual y única sobrevivirá cuando tu cuerpo se haya ido. Suena pretencioso, pero cuando tú ponderas tu legado, alivias el miedo mamífero de tu supervivencia. Por eso la gente está ansiosa por crear cosas que perduren después de que se hayan muerto.

HAZ QUE SUCEDA

Estos ejercicios te ayudan a encontrar tu poder sobre tus neurotransmisores de la felicidad.

o **Identifica los sentimientos fuertes que tienes acerca de cosas relevantes para la supervivencia de tus genes: tu apariencia, tus parientes, y tus alianzas sociales.**

_____

_____

_____

o **Identifica cómo te emocionas acerca de algo nuevo, y cómo se detiene esa emoción frente a lo que ya tienes.**

_____

_____

_____

o **Encuentra una relación entre una buena experiencia en tu pasado y algo que te hace feliz hoy. Lo que importa es el modelo general, no los detalles superficiales.**

_____

_____

_____

LA ALEGRÍA DE LA DOPAMINA

Hoy aprenderás:
- o qué estimula la alegría de la dopamina
- o por qué no la tenemos todo el tiempo
- o cómo se conecta a experiencias pasadas

Cuando estás emocionado, tu cerebro está produciendo dopamina. Tú quisieras tener este buen sentimiento siempre, pero la dopamina no está diseñada para producirse todo el tiempo. Es una señal de tu cerebro la que indica que estás a punto de cubrir una necesidad. Ésta se enciende cuando consigues algo bueno, o anticipas algo bueno. Tu cerebro decide qué es bueno en una forma interesante. Las neuronas se conectan cuando la dopamina surge, lo que te conecta para encenderlo rápidamente cuando ves algo que lo encendió antes. Tú no piensas esto de manera consciente con tu cerebro verbal. Es sólo electricidad fluyendo en una ruta que ya existe.

A tu mente consciente, los placeres de tu juventud pueden parecer infantiles. Pero si tú observas lo que hoy te emociona, verás patrones modelados en tu pasado. Es más fácil ver cómo funciona en los animales, porque ellos no son verbales.

Imagina que eres un mono pequeño despertando con hambre, no tienes un refrigerador o supermercado, así que: ¿cómo alivias tu hambre? Miras

alrededor y tu dopamina surge cuando ves una pieza de fruta. El buen sentimiento te dice que vayas por ella, y cada paso que das para acercarte dispara más dopamina. Una vez que alcanzas la fruta, la dopamina se detiene porque ya ha realizado su trabajo. Tú no conseguirás más hasta que satisfaces una necesidad nuevamente, y estés ansioso de hacerlo porque la dopamina provoca que te sientas bien.

Un mono no entiende sus necesidades nutricionales, sólo aprende por experiencia que encontrar comida lo hace sentir bien. Cuando tú naciste, no comprendías tus necesidades de una manera cognitiva, pero cada vez que tenías una necesidad, la dopamina te conectaba a la espera de buenos sentimientos por las experiencias similares. Los animales trabajan más duro por la comida de lo que te imaginas. Un mono elige ramas que puedan sostener su peso a fin de que no caiga al piso y sea comido por un depredador. La dopamina te recompensa por cada paso exitoso. Las neuronas se conectan y dirigen a un mono pequeño a cubrir sus necesidades para seguir con la expectativa de buenos sentimientos. Tu dopamina también se genera por expectativas.

La dopamina genera energía para cazar. Ésta le da a un león la carga de energía que necesita para atrapar a una gacela. Nosotros disfrutamos esta energía, así que buscamos dopamina. Pero si esta fluye constantemente, no promovería la supervivencia. Un león con constante dopamina desperdiciaría su energía corriendo detrás de cada gacela, lo que lo dejaría sin energía cuando viera una gacela que sí podría atrapar. En su lugar, el cerebro de un león ahorra la dopamina para un buen prospecto, como ha sido definido por su experiencia pasada. La dopamina ayuda a un mono a decidir cuál fruta es mejor para lanzarse por ella, y cual fruta es preferible ignorarla.

Tu cerebro ahorra la dopamina para buenos prospectos también.

La dopamina crea el sentimiento de ¡Yo puedo lograrlo! Es fácil ver por qué deseamos ese sentimiento, pero también porque no siempre lo tenemos. La dopamina nos ayuda a invertir nuestra energía en lo que nos permitirá tener más recompensas. Nuestro mamífero interior lo decide sin palabras porque la electricidad en el cerebro fluye fácilmente en las rutas que fueron activadas anteriormente. Cuando tú ves pistas que se relacionan con tu éxito pasado, tu electricidad fluye hacia el encendedor de tu dopamina. El buen sentimiento te llama a invertir energía ahora.

La dopamina se enciende antes de que tú realmente cubras una necesidad, gracias a las viejas rutas. Éstas te alertan anticipadamente para que tengas el tiempo de tomar acción de manera efectiva. La dopamina crea la sensación de anticipación que dice "esto se va a poner bueno". Y así te motiva a invertir el esfuerzo necesario para alcanzar una recompensa.

Las neuronas espejo ayudan a modelar las rutas de dopamina. Un mono bebé mira a su mamá cuando ella atrapa comida. Éste pone cosas en su boca antes de saber qué es la comida. El cerebro genera dopamina cuando prueba azúcar o grasa porque éstas cubren sus necesidades. El buen sentimiento motiva

otra mordida. Los monos jóvenes nunca son alimentados excepto por la leche de mamá. Ellos sólo consiguen sólidos si toman acción, pero cada mono aprende gracias a su dopamina. Tú puedes insistir que no te preocupa la supervivencia o las recompensas porque estás motivado por valores superiores. Pero tu cerebro mamífero está buscando siempre maneras de sentirse bien con rutas construidas por tu dopamina pasada.

Cuando tú das pasos hacia la dopamina, no siempre logras lo que esperas. Algunas veces consigues más, otras veces menos. Conseguir menos dispara el mal sentimiento del cortisol, el cual exploraremos en el Día 6. Conseguir más desencadena una gran oleada de la dopamina. Esto construye una ruta grande que te ayuda a encontrar recompensas más grandes. Una amiga mía una vez obtuvo dos leches de chocolate de una máquina de venta cuando ella sólo había pagado una. Esto sucedió hace décadas, pero ella lo recuerda cada vez que camina cerca de esa máquina. Ella entendió por qué, cuando aprendió acerca de la dopamina.

El primer tiramisú me emocionó con dopamina, pero pronto la emoción se había ido. Tú puedes descubrir un nuevo placer solamente una vez. Yo todavía amo el tiramisú porque la ruta está ahí, y porque el azúcar y la grasa son escasas en el estado de la naturaleza. Pero si espero la misma sensación que la primera vez, quedaré desilusionada.

La habituación hace retadora la vida. Nos encanta la oleada de dopamina que surge de pegarle al gran premio, pero quedamos conectados a esperar este sentimiento aunque pegarle al gordo es raro. Esta es la razón de porque a veces la vida nos desilusiona. Y esta es la razón por la cual la gente se engancha en pizza, pornografía, apuestas, subiendo la escalera, u otras maneras de estimular la sensación de grandes recompensas.

Como resultado, la dopamina se ha ganado una mala reputación. Aún a pesar de que necesitamos que funcione en la vida díaria. La dopamina hace posible leer esta página. Tu cerebro busca emparejar las letras que ves con los significados que has aprendido asociar con ellas. Cada empate produce un poco de dopamina, y el buen sentimiento te mueve a la siguiente palabra. Tú haces esto tan suavemente que ni siquiera lo notas, pero si pasas tiempo con un niño de 6 años, ves cómo la alegría de encontrar significado logra conectarse. Veamos más de cerca cómo la dopamina nos ayuda a navegar en la vida diaria.

Cuando naciste, tú no sabías qué es la leche y no sabías qué es una mamá. Pero a los pocos días, la dopamina te ha conectado a anticipar un buen sentimiento cuando escuchas los pasos de mamá. La experiencia vincula ciertas imágenes y sonidos al buen sentimiento de tener tus necesidades cubiertas. Unos pocos meses después, la dopamina te motiva a gatear hacia un juguete.

El juguete no cubre una necesidad inmediata de supervivencia, pero esto fue algo diferente, y buscar algo diferente promueve la supervivencia en el estado de la naturaleza. Así que tu cerebro genera dopamina y fuiste por ella. Tú no sabías cómo gatear, pero permaneciste intentando porque se generaba dopamina cada vez que te acercabas más. No hubieras disfrutado esa dopamina si alguien te hubiera puesto en la mano el juguete. La experiencia previa nos enseña a estimular buenos sentimientos con nuestras propias acciones.

Un juguete nuevo deja de disparar dopamina una vez que se vuelve familiar. Así que buscas algo nuevo, y tu cerebro te recompensa con dopamina.

¿Qué pasa si tú ves un juguete nuevo en la mano de otro niño? La dopamina te motiva a ir por él. Si tú lo tomas, un adulto quizás te hará que lo devuelvas. Lentamente y con el tiempo, aprendemos mejores formas de buscar recompensas.

La dopamina no evolucionó para conseguir juguetes, por supuesto. Ésta evolucionó para guiarte a cubrir tus necesidades. Cuando un mal sentimiento se alivia, tu cerebro sabe que una necesidad ha sido cubierta. La comida alivia el mal sentimiento del hambre. El calor alivia el mal sentimiento del frío. Tu cerebro genera dopamina en cualquier momento que alivias un mal sentimiento, y eso te conecta a esperar alivio en la forma en que funcionó anteriormente.

Nosotros definimos alivio de manera inconsciente. Por ejemplo, un babuino se puede salvar a sí mismo de un león, subiéndose a un árbol, y esto lo conecta a escanear árboles la próxima vez que huela una amenaza. Cuando tú te sientes amenazado, buscas cosas que te trajeron alivio anteriormente. Mientras más grande sea la amenaza, mayor será la dopamina que disfrutes cuando encuentres alivio. Por ejemplo, imagina que te has perdido en el bosque en un viaje de campamento. Estuviste hambriento todo el día, y cuando finalmente encuentras el campamento, comes un sándwich de mantequilla de maní. Este te sabe mejor que el alimento más fino, aunque tú no sepas por qué.

En el mundo moderno, las lecciones que aprendes desde la dopamina no siempre te hacen sentido. Imagina que tú repruebas un examen de matemáticas, y después juegas un videojuego cuando sales del salón de clases. La dopamina se estimula por el juego porque crea la ilusión de que estás cerca de obtener una recompensa. Tú te sientes bien, aún si el problema real no ha sido resuelto. Las neuronas se conectan, y la próxima vez que tengas un examen de matemáticas, tendrás la urgencia de jugar un videojuego.

Tú no sobrevivirás en el estado de la naturaleza si jugaste videojuegos en lugar de dar pasos efectivos para cubrir tus necesidades. Pero en el mundo moderno, tus necesidades de supervivencia serán cubiertas por alguien más si tú te mantienes jugando. Cada vez que tú elijes el videojuego, fortaleces la expectativa de tu cerebro de que a través del juego te sientes bien. Esto no cubre tus necesidades a largo plazo, por supuesto, así que acabas con más estrés por las matemáticas. Si tú no entiendes tu cerebro, respondes con más juego.

En lugar de eso, tú podrías crear una nueva ruta que espere recompensas por estudiar. Esto podría ser como una búsqueda imposible, ya que tú no sabes cómo esperar eso. Afortunadamente pequeños pasos son suficientes para estimular dopamina si ves que te estas acercando a la recompensa. Si das pequeños pasos para alcanzar tus metas en matemáticas, repetidamente, se construirá una nueva ruta. Para facilitar el proceso, puedes darte premios cuando des pequeños pasos que traen recompensas a largo plazo.

Una recompensa por cada sesión de estudio entrenará tu cerebro para asociarlo al estudio con buenos sentimientos. Recompensas inmediatas te ayudan a empezar cuando todavía no tienes expectativas positivas. Pero si tú te recompensas por pretender estudiar sin realmente estudiar, te conectas a esperar recompensas fingiendo.

Tú puedes cimentar un nuevo camino en tu cerebro para recompensarte en nuevas formas. Si no lo haces, seguirás repitiendo cualquier hábito de dopamina que has aprendido. Y no sabrás por qué, ya que no somos conscientes de nuestras propias rutas. Tu cerebro verbal tratará de explicar tus elecciones. Esto puede echarte en cara la clase de matemáticas. Es difícil aceptar el poder de las viejas rutas sobre nuestros sentimientos, expectativas, y acciones.

Si logras una buena calificación en matemáticas, una buena dosis de dopamina fortalecerá tu nueva ruta. Pero si tú logras la misma calificación en cada examen, la dopamina no surgirá cada vez que suceda. Tú lo das por sentado una vez que se forma la ruta. Pero puedes buscar un nuevo reto porque te has conectado a esperar buenos sentimientos de tus propias acciones.

El cerebro mamífero promueve supervivencia recompensándote cuando actúas para aliviar una amenaza. Nuestros ancestros necesitaron la leña para sobrevivir al invierno, y la dopamina los hace sentir bien cuando la  encuentran. Mientras más frío hace y la leña fuera es escasa, mayor felicidad se siente al encontrarla.

Hoy es más fácil mantenerse en un ambiente cálido, pero eso no te hace feliz. Tú te habitúas a las comodidades que tienes y buscas nuevas maneras de disfrutar la dopamina. Ésta es la razón de por qué cubrir nuestras necesidades sociales capta nuestra atención. El capítulo siguiente explica cómo las recompensas sociales suministran serotonina y oxitocina. La dopamina siempre está involucrada porque te recompensa por tomar acción y conseguir un reconocimiento social o aliviar una amenaza social. Cualquier éxito te conecta a esperar más recompensas con acciones similares.

Cuando te sientes emocionado acerca de algo, es porque lo conectas a cubrir una necesidad o aliviar una amenaza del pasado. Nos emocionamos acerca de diferentes cosas porque diferentes experiencias se conectan a diferentes expectativas. Quizás tú esperas un ascenso para cubrir tus necesidades, así que la dopamina te recompensa por cada paso que tomas hacia esa promoción. Quizás tú esperas otro cóctel para cubrir tus necesidades, así que tu dopamina te recompensa por encontrar un bar que esté abierto. Quizás tú esperas un nuevo atuendo para cubrir tus necesidades, así que la dopamina surge cuando compras o aplicas para obtener un límite de crédito más alto. Muchas formas hacia la dopamina no son sustentables. Éstas te lastiman a largo plazo aún si te sientes bien en el corto plazo. El gran córtex humano piensa largo plazo, pero tu cerebro mamífero está todavía ansioso por dopamina inmediata. Tus dos cerebros tienen que trabajar juntos para encontrar rutas sustentables de dopamina.

No te brinques a la conclusión de que el cerebro mamífero es el problema. El cerebro verbal juega un gran rol en nuestras elecciones no sustentables. Si eliges jugar videojuegos en lugar de estudiar, tu cerebro verbal aparece con una explicación que hace que lo veas bien. Si eliges tomar otra bebida o comprar otro atuendo o perseguir otro ascenso, tu cerebro verbal encuentra una forma de hacerlo sonar como "la cosa correcta". Es difícil creer que hacemos cosas porque nuestras neuronas se conectaron hace mucho tiempo. Cuando ves el patrón, es más fácil redireccionarlo.

Nosotros nacemos con billones de neuronas pero sin apenas conexiones entre ellas. Tú estarías indefenso como un recién nacido sin las conexiones que has construido. Tú puedes también construir nuevas conexiones, pero esto requiere tu atención total. Lo que hace imposible hacer otras cosas al mismo tiempo. Por ejemplo, tú puedes manejar y hablar al mismo tiempo porque tus viejas rutas te permiten hacerlo, pero si tratas de hablar un nuevo idioma mientras estás manejando en un camino nuevo, ¡ten cuidado! No es de extrañar que confiemos tanto en viejas rutas.

Tú construirás nuevas conexiones si inviertes tu atención en un nuevo pensamiento o comportamiento por pocos minutos al día. El Día 7 te ayudará a descubrir tus viejos circuitos de dopamina, y el Día 11 te ayudará a construir nuevas rutas. Hoy tu meta es darte cuenta del poder de la dopamina en el mundo alrededor de ti. Cada uno de nosotros tiene su propia ruta de dopamina, pero nuestras rutas son similares porque fueron conectadas en la juventud cuando teníamos un entendimiento limitado sobre nuestras necesidades a largo plazo. ¡Este es el reto del ser humano!

HAZ QUE SUCEDA

La búsqueda de dopamina es un gran motivador en la vida diaria. Estos ejercicios te ayudan a darte cuenta del poder de la dopamina en el mundo a tu alrededor.

○ Observa la emoción que sientes cuando ves una nueva forma de cubrir una necesidad. ¿Cuándo se detiene ese buen sentimiento?

_____

_____

_____

○ Observa a otra persona sintiéndose emocionada acerca de la espera de una recompensa y dando pasos hacia ella.

_____

_____

_____

○ Encuentra ejemplos de personas buscando una recompensa instantánea para aliviar un mal sentimiento.

_____

_____

_____

Día 3

LA SEGURIDAD DE LA OXITOCINA

Hoy aprenderás:
- a notar la sensación de que es seguro bajar la guardia
- la forma en que tu cerebro te recompensa con oxitocina cuando encuentras apoyo social o confías en los demás
- por qué la oxitocina no fluye todo el tiempo

Una gacela encuentra difícil comer cuando está sola porque tiene que mantenerse constantemente alerta sobre sus depredadores. Ser parte de un rebaño le permite bajar la guardia y disfrutar el pasto. Siente seguridad porque la carga de monitorear las amenazas ahora la comparte. La oxitocina crea ese sentimiento lindo de seguridad. Esta es liberada cuando esperas protección de otros.

Pero tú no quieres seguir al rebaño todo el tiempo. Sus cuernos se ponen en tu camino y orinan tu comida. Tú quieres también tu espacio e independencia. El problema es que la oxitocina desciende cuando te distancias de la seguridad que te provee el apoyo social. Te sientes mal. ¿Qué hace un mamífero de gran cerebro entonces?

Una gacela siempre está eligiendo entre dar un paso hacia el rebaño y dar un paso hacia la pastura. Elige entre la oxitocina del apoyo social y la dopamina del pasto verde. La dopamina es tentadora, pero de un animal aislado se apoderan rápidamente los depredadores.

Entonces, lo bueno de la oxitocina es la recompensa de mantenerte seguro. La selección natural construye un cerebro que promueve la supervivencia recompensándote con oxitocina cuando encuentras apoyo social.

Pero es complicado. La vida en rebaño no siempre es cálida y en ocasiones es confusa. Tienes que correr cuando corre el rebaño aunque haya un montón de falsas alarmas. Tienes que monitorear constantemente al grupo para no quedarte atrás. Esta es la razón por la cual los adolescentes se sienten devastados si los demás salen a pasar el rato sin ellos. Permanecer conectado requiere mucho esfuerzo, pero los mamíferos lo hacen porque el aislamiento se vive como una amenaza a la supervivencia.

Una gacela busca su propio rebaño para maximizar su seguridad. Si corre hacia el rebaño equivocado en un momento de amenaza, puede que no le permitan unirse. Los mamíferos son algo quisquillosos acerca de quién pertenece a su rebaño. Ellos quieren aliados que estén dispuestos y sean capaces de protegerlos. Ellos deciden esto en la forma en que ya puedes imaginártelo: con caminos construidos a partir de sus momentos de oxitocina previos. Cualquier cosa que haya incrementado su sentido de confianza se enciende más fácilmente ahora. Las experiencias tempranas conectan a las gacelas para reconocer el olor de su propio rebaño. Tu oxitocina temprana construye rutas principales que te dicen cuando esperar apoyo de otros.

La oxitocina de la infancia nos separa a los mamíferos de los reptiles. Los mamíferos formamos vínculos porque tenemos más oxitocina. Los reptiles solo liberan oxitocina durante el acto de apareamiento – el cual dura unos segundos – y mientras ponen sus huevos. Los mamíferos nacemos en un aumento de oxitocina debido a los desencadenantes químicos durante el parto y la lactancia en las madres. Más oxitocina es liberada cuando la madre abraza o lame a su cría. Las neuronas se conectan, lo cual ayuda a la oxitocina a fluir más rápido en situaciones similares. Un reptil no baja la guardia cerca de otros reptiles. Una lagartija no busca el apoyo de otras lagartijas. Los mamíferos lo hacen, porque tienen más oxitocina.

Quizás hayas escuchado que abrazar estimula la oxitocina. Pero si abrazas a alguien que no te cae bien, no te sentirás bien. No te ayudará a bajar la guardia. Lo que busca nuestro cerebro mamífero es la confianza. La confianza precede al tacto.

Esto es fácil de ver en el mundo animal. Los babuinos deciden cuidadosamente quien arregla su pelaje, porque un babuino que está suficientemente cerca para tocarte está tambien cerca para matarte. Las decisiones están hechas con los caminos de oxitocina construidos de experiencias previas.

Nuevas rutas de oxitocina pueden ser construidas, pero requiere de mucha repetición. Pequeños momentos de oxitocina a lo largo del tiempo pueden construir una ruta que haga más fácil confiar en un nuevo individuo. Queremos ese sentimiento agradable de oxitocina todo el tiempo, entonces es importante saber que no está diseñado para fluir todo el tiempo. Si así fuera, tú confiarías en gente en la que no deberías confiar. Esto no promueve la supervivencia. Nuestro cerebro está diseñado para guardar la oxitocina para la confianza verdadera, no para liberarla constantemente sin razón alguna. Este es el por qué buscamos momentos de confianza social tan ansiosamente.

Cualquier oxitocina que estimula es rápidamente metabolizada por tu cuerpo. El buen sentimiento pasa, y tú tienes que encontrar otro momento de confianza social para disfrutar más. Esto explica porque la gente siempre está buscando oportunidades para vincularse.

La oxitocina es a menudo malentendida porque los vínculos sociales son idealizados. Pensamos que los animales tienen uniones gloriosas, entonces nos sentimos como si hubiéramos perdido algo. Es importante conocer la historia completa. Los animales de rebaño no están enfocados en el bien común de la forma en que parece. Ellos se ocultan detrás de otros para evitar ser devorados. Empujan para llegar al centro del rebaño donde es más seguro. Al debilitarse con la edad, pierden esta fuerza para empujar y terminan en las orillas donde el riesgo de ser atrapado y morir es mayor. Ellos ya se han reproducido para entonces, entonces su especie sobrevive.

Un babuino espera algo a cambio cuando arregla el pelaje de otro babuino. Un arreglo recíproco es lindo, pero hay otras formas de devolver el favor en el mundo babuino. La oportunidad de reproducirse es una de ellas. Eso puede significar sexo cuando la temporada de apareamiento llega, o cuidar de tus crías ayuda a que tu descendencia sobreviva. Otra forma de devolver el favor es protegerte cuando eres amenazado. Esto puede ser un animal más débil arreglando a otro más fuerte para obtener protección de los depredadores, o un animal más fuerte arreglando a otro más débil para obtener su apoyo cuando un rival reta su dominancia.

Reciprocidad es el nombre del juego en el mundo de los mamíferos. Es fácil ver esto entre los humanos, aunque no sea políticamente correcto decirlo. La gente a menudo pretende dar sin expectativas, pero se molesta cuando éstas son decepcionadas. Nuestros grandes cerebros pueden crear expectativas abstractas, como la idea de que si tú eres bueno para el mundo, el mundo debería ser bueno para ti. Entonces te enojas con el mundo cuando no se cumplen tus expectativas. Puedes terminar muy enojado. Es mejor darte cuenta de las expectativas que tienes.

Te será útil saber que los babuinos no siempre obtienen la reciprocidad que ellos esperan. Si esto sucede, ellos buscan una nueva pareja de acicalamiento. Es difícil creer que los monos llevan la cuenta, pero la investigación demuestra que ellos lo hacen. El mal sentimiento que provoca el cortisol, les ayuda a hacerlo como veremos en el Día 6.

Es difícil mantener la oxitocina fluyendo, aún para los animales. Me sorprendió saber que los babuinos se dispersan cuando están a salvo de los depredadores porque eso los ayuda a encontrar comida y evitar el conflicto. Una vez que huelen al depredador olvidan sus diferencias y se reúnen para defenderse contra él. Los mamíferos se unen de cara a los enemigos comunes. Los únicos mamíferos que no forman grupos son los que no tienen depredadores: los tigres y los orangutanes. (Podrías pensar que los leones no tienen depredadores, pero las hienas roban su comida cuando ellos se encuentran solos).

Es fácil ver como los humanos se unen también para enfrentar los enemigos comunes. Ya sea una familia, una compañía o un país, la gente se une cuando ve una amenaza en común. Puedes observarlo a través de la historia humana y en tu día a día. Cada vez que hablas con un grupo de personas, nota cómo el foco está puesto en el enemigo común. Descubrirás cuán a menudo hablan del "enemigo" para sentirse unidos y disfrutar la oxitocina.

Nuestro cerebro verbal lucha para dar sentido a los altibajos de la oxitocina. Nos esforzamos para darle nombre a estos sentimientos. A menudo le llamamos "amor". Cuando los otros no cumplen nuestras expectativas le llamamos "traición." Tu cerebro verbal no sabe cómo has creado esos sentimientos, entonces los toma como hechos del mundo exterior. Cuando sabes cómo producirlos internamente, tu tienes poder sobre ellos.

Cuando te sientes aceptado, un circuito de oxitocina desencadena ese sentimiento. Tú esperas apoyo porque lo obtuviste en ese contexto antes. Pequeñas señales son suficientes para desencadenar ese sentimiento de que estás a salvo con el rebaño. Y sin esas pequeñas señales puedes tener esa vaga sensación de amenaza sin saber por qué. El sentimiento de pertenecer o no pertenecer viene de rutas creadas en nuestro interior aun cuando pensemos que son hechos que provienen del exterior.

Las nociones idealizadas acerca de los lazos sociales a menudo se interponen en el camino de la oxitocina. Si tu esperas apoyo en formas específicas y tus expectativas no son cumplidas, te privas a ti mismo de oxitocina. Las expectativas no realistas son comunes porque nuestros cerebros son cableados en la juventud, cuando el apoyo proviene sin reciprocidad, o cuando la reciprocidad ocurre solo para complacer a los padres. Esto no funciona en el mundo adulto, pero te sientes bien porque el camino está ahí. Es útil saber que los niños son recíprocos en la manera en que promueven la supervivencia de los genes de los padres. Es difícil decirlo pero esto explica por qué los padres invierten más en sus crías que otros.

Los padres no pueden vivir para siempre, de modo que los mamíferos transfieren su apego de los padres hacia los compañeros. La oxitocina les ayuda a hacer eso. Las experiencias del pasado con relación a la confianza social ayudan a los mamíferos a encontrar nuevas oportunidades de conseguirla. Cada interacción positiva los ayuda a construir nuevos circuitos. Hay un montón de decepciones a lo largo del camino, desde luego. Exploraremos el cortisol de la decepción el Día 6.

Los circuitos de la oxitocina creados en la infancia nunca son una guía perfecta en la vida social adulta. Algunas veces, simplemente están mal. Pueden seducirte a la confianza cuando no es realmente seguro o alejarte de personas que en verdad te apoyan. La confianza social es difícil para todos. Aquellos que tuvieron menos apoyo de sus padres son retados a construir expectativas positivas acerca del apoyo social, mientras que aquellos que si contaron con su apoyo son retados a construir expectativas realistas acerca del apoyo social en la vida adulta.

Afortunadamente, tú puedes crear nuevos circuitos de oxitocina alimentando tu cerebro con nuevas experiencias, repetidamente. Lamentablemente, toma tiempo, y esta es la razón por la cual las personas se sienten tentadas a conseguir la oxitocina en forma rápida y fácil. Nuestro mundo está lleno de rápidos, pero insostenibles caminos para el apoyo social.

Para complicarnos la vida aún más, nuestro cerebro se enfoca siempre en las necesidades no resueltas, así cuando tus necesidades físicas están cubiertas, las necesidades sociales parecen urgentes. Es por eso que pequeñas decepciones en tu búsqueda de oxitocina pueden preocuparte.

Para empeorar las cosas, tu cerebro se acostumbra a los vínculos sociales que has creado, por lo que se necesita una nueva confianza social para poner en marcha la oxitocina. Si tienes una gran fiesta y todos se la pasan bien, la oxitocina se acaba pronto y anhelas más. Manejar un cerebro que busca oxitocina es un reto que viene con el regalo de la vida.

HAZ QUE SUCEDA

El deseo de oxitocina es un gran motivador en nuestras vidas. Estos ejercicios te ayudarán a reconocer la búsqueda de oxitocina a tu alrededor.

○ Date cuenta de las cosas que hace la gente con objeto de pertenecer a un grupo y evitar sentirse aislada.

_____

_____

_____

○ Identifica el "enemigo común" que une a diferentes grupos de personas que conoces.

_____

_____

_____

○ Nota cómo la gente busca protección y apoyo de otros, y qué ofrece a cambio.

EL ORGULLO DE LA SEROTONINA

Hoy aprenderás:

o cómo el reconocimiento social desencadena la serotonina
o por qué los animales se preocupan por la importancia social
o por qué nunca es suficiente

Escuchamos mucho acerca de la serotonina de los antidepresivos, pero no escuchamos mucho acerca de su trabajo natural. La serotonina crea un buen sentimiento cuando un mamífero obtiene una posición de fortaleza. No es agresión; es el lindo sentimiento de calma que resulta del pensamiento que eres lo suficientemente fuerte para satisfacer tus necesidades en un mundo de rivales sociales.

Es fácil ver cómo la gente disfruta estar en una posición dominante, aunque esto no sea considerado "bien visto". Por eso, es fácil detectar el afán por serotonina en otros, pero odiamos reconocerla en nosotros mismos. Para hacer la vida aún más difícil, la serotonina es rápidamente metabolizada, así aunque ganas ventaja, ese buen sentimiento termina pronto. Tienes que verte a ti mismo en posición de ventaja una y otra vez para mantenerlo. Es frustrante, y entonces las estrategias insostenibles son tentadoras. Un entendimiento realista de tu cerebro puede ayudarte a evitar esas tentaciones. Primero veamos cómo funciona en los animales.

Los monos buscan una posición de fortaleza porque su supervivencia depende de ello. Es probable que un mono sea mordido si agarra la comida que un compañero de tropa más grande tenía en la mira. Para evitar pasar hambre, un mono tiene que encontrar comida que no esté cerca de un mono más grande. Para mantener sus genes vivos, tiene que encontrar una oportunidad de aparearse lejos de un mono más grande. La selección natural construye un cerebro que constantemente se compara a sí mismo con otros y que te premia con serotonina cuando ves que estás en la posición de ventaja. Esta sensación no está diseñada para fluir todo el tiempo sin razón. Un mono no sobreviviría si pensara que es más fuerte cuando no lo es.

El cerebro mamífero define "posición de ventaja" en maneras simples. No crea abstracciones sobre el mundo en general. Solo se compara a si mismo con el individuo que hay a su lado en ese momento. Estas comparaciones se apoyan en rutas neuronales construidas por las experiencias pasadas de serotonina. Los monos jóvenes pasan mucho tiempo luchando con otros. A eso le llamamos "jugar", pero esto entrena a un pequeño mono para juzgar su propia fuerza. Cuando es dominado, su cerebro libera cortisol. Cuando prevalece, la serotonina es liberada y se siente bien. Sin pensamiento consciente, un mono hace evaluaciones precisas de cuando imponerse y cuando someterse. Los monos prueban mucho su fuerza contra otros porque la serotonina los recompensa cuando ganan.

Hemos heredado el cerebro que hace comparaciones sociales y anhela la posición de ventaja. La necesidad de compararse es más primaria que la comida y el sexo en el sentido que siempre viene primero. Por eso la gente se vuelve loca respecto a las pequeñas diferencias sociales cuando sus vidas son más seguras y cómodas como nunca antes en la historia humana.

Y es la razón por la que la gente se esfuerza por la posición de fortaleza de maneras que pueden dañarlos en el largo plazo.

No hay solución fácil a la búsqueda de serotonina. Si siempre te ves a ti mismo como el gran mono que puede lograr la posición dominante, terminarás con un montón de conflictos con otros monos que buscan dominio. Si siempre te ves a ti mismo como el mono débil evitas conflictos, pero te privas de serotonina. Como sea que te compares, lo haces con circuitos creados por tu experiencia pasada, sin darte cuenta. Piensas que solo estás viendo los hechos, entonces no tienes otra opción.

En el mundo moderno, invertimos mucha energía en la búsqueda de serotonina porque menos energía es usada para satisfacer las necesidades físicas. Nuestro cerebro se enfoca en las necesidades no satisfechas, entonces tu posición social puede tomar importancia de vida o muerte sin intención consciente.

A menudo saltamos a la conclusión de que otros han recibido en sus manos la posición de ventaja y flotan por la vida en una nube de serotonina sin esfuerzo. Es fácil concluir que has sido estafado o ignorado. Una mirada profunda a los hechos de serotonina te ayudará a evitar estas suposiciones corrosivas.

Las jerarquías sociales son observadas en la mayoría de los rebaños, manadas y tropas de animales. Los mamíferos se esfuerzan por elevar su estatus en el grupo porque los cerebros que lo hicieron hacen más copias sobrevivientes de sus genes. Los animales no piensan en genes o jerarquías sociales de manera cognitiva, por supuesto. Ellos solo buscan formas de sentirse bien y evitar sentirse mal. El cerebro mamífero te recompensa con el buen sentimiento de la serotonina cuando elevas tu estatus. Por esta razón los humanos luchan tanto para elevar su estatus aun cuando su mente racional insiste en que a ellos no les importa. Ya sea estatus económico, superioridad moral o fortaleza física, la serotonina te hace sentir bien cuando piensas que estás arriba.

Manejar un cerebro buscador de serotonina es un reto para todos. Cuando eres joven, tu sueñas con alguna posición de importancia, pero pronto te habitúas a cualquier posición que logras y sueñas con el siguiente nivel. Ves un mundo lleno de rivales que quieren robar tu posición, entonces parece que nunca descansarás.

Imagina un joven actor que sueña con un rol principal. Una vez que lo obtiene, sueña con ganar un reconocimiento. Eventualmente, se convierte en una estrella, pero en lugar de disfrutarlo, se preocupa por perder su posición frente a nuevos actores que están llegando. Los tabloides son pruebas de que el estatus no te hace feliz. Pero la gente se mantiene creyendo que el siguiente peldaño de la escalera le hará sentirse bien porque los momentos pasados de serotonina construyeron esa expectativa.

Probablemente te dijeron que "nuestra sociedad" es la responsable por esta mentalidad. Probablemente te enseñaron a culpar a los hombres, a los ricos, o a otro grupo social. Culpar es una reacción natural a nuestra frustración de serotonina. Pero cuando culpas al exterior, no ves tu poder interior. Tienes el poder cuando comprendes tus ciclos internos de pensamiento.

Te parecerá que el mundo te está juzgando hasta que entiendes tus impulsos mamíferos. Entonces ves que te estás juzgando mucho a ti mismo. No puedes controlar el mundo, pero tienes algún control sobre tu propio cerebro. Puedes encontrar formas sostenibles para satisfacer tu afán natural de serotonina. Una forma simple es comúnmente conocida como "orgullo". Tomar con orgullo tu siguiente paso chispeará un poco de serotonina, y cuando ésta acabe, puedes enorgullecerte del siguiente paso que darás después. Requiere esfuerzo hacer cosas de las que estás orgulloso, y la serotonina te recompensa por hacerlo.

Los humanos se han debatido entre el afán de dominar socialmente desde el inicio de los tiempos. Nadie quiere un mundo en el que todos intenten dominar a los demás, entonces los humanos entrenan a sus hijos para manejar este impulso. Pero es complicado porque estamos tentados a manejarlo en los otros y negarlo en nosotros mismos.

Tu cerebro verbal encuentra razones por las que mereces la posición de ventaja. Solo estás vengándote de "ellos". Crees que solo estás tratando de sobrevivir, porque tu mamífero interior te hace sentir que morirás en una posición de desventaja. Es difícil creer que este impulso es natural, así que veamos más ejemplos de animales.

Una mona hembra necesita fuerza para obtener más comida para producir leche más rica y bebés más fuertes. La fuerza también la ayuda a proteger a su descendencia de los depredadores. Un tipo de depredador sorprendente es su compañera de tropa. Algunas veces ellas secuestran a los bebés de monas más débiles. El bebé muere de deshidratación después de unas horas sin leche, y la madre no puede simplemente recuperarlo porque es probable que sea lastimada cuando la depredadora se resiste. Puede que te resulte difícil aceptar tanta maldad entre criaturas tiernas y peludas. Entra en conflicto con la imagen romantizada de los animales que se ha vuelto popular. Pero los hechos nos ayudan a comprender el trabajo para el que evolucionó nuestro cerebro.

Se necesitan más datos para obtener una imagen completa. Los pequeños monos reciben un trato especial siempre que tengan marcas juveniles, como el mechón de pelo blanco que tienen los pequeños chimpancés. Una vez las marcas juveniles se desvanecen, el pequeño mono tiene que competir por comida con el resto de la tropa. Cuando un grupo de monos encuentra comida, el individuo más fuerte domina el primer puesto en frente y los otros monos se colocan en orden de fuerza relativa. Un pequeño mono debe conocer su puesto para evitar ser mordido. Puede terminar en los márgenes, donde obtiene menos comida y más exposición a los depredadores. Está muy motivado para desarrollar su fuerza y conseguir una mejor posición. La serotonina lo recompensa cada vez que se afirma y se impone.

La pubertad intensifica esta rivalidad social. Podrías pensar que el sexo se da fácil en animales, pero no hay amor libre en la naturaleza. Los animales trabajan duro para aprovechar cualquier oportunidad reproductiva que tengan. Si fallan, sus genes se borran de la faz de la tierra. Por eso el cerebro mamífero responde con químicas de vida o muerte a los pequeños dramas sociales. Por eso los momentos de "estar arriba" se sienten tan bien, y los de "estar abajo" se sienten tan devastadores.

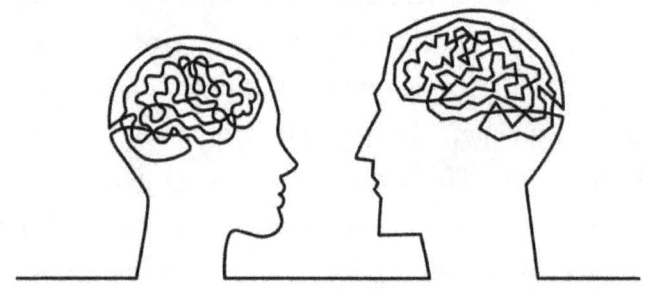

Manejar la necesidad de serotonina es una habilidad que comenzamos a aprender en la niñez. Si coges el juguete de otro niño, aprendes de las consecuencias inmediatas, cualquiera que sean. Todo niño quiere la serotonina de la autoafirmación, pero también la oxitocina de la aceptación social y la dopamina de algo nuevo. No hay una forma sencilla de conseguirlo, por lo que simplemente repetimos las cosas que funcionaron antes. Si obtuviste respeto cuando conectaste un jonrón, aprendiste a esperar buenos sentimientos de actividades similares. Si obtienes respeto al enojarte, tu cerebro se conecta a sí mismo para buscar el buen sentimiento estando enojado. Las neuronas activas en sus primeros momentos de serotonina construyeron conexiones que te ayudarán a buscarla hoy.

El cerebro verbal explica estos impulsos de maneras que te ponen en la posición de ventaja. Te ves a ti mismo como una buena persona que solo está tratando de sobrevivir en un mundo de idiotas. La superioridad moral se siente bien por un momento, pero no es sostenible. Una vez que se metaboliza la serotonina, te sientes un poco menos, por lo que tienes que sentirte moralmente superior de nuevo. Nadie es un juez objetivo de su mundo social. Cuando te afirmas, parece justo, pero cuando un rival se afirma, parece peligroso y maligno. Para seguir disfrutando de la superioridad moral, debes seguir viendo a los demás como malvados. No es un camino a la felicidad.

Cuidar a los demás es promocionado frecuentemente como el camino hacia la felicidad. La gente dice que solo se preocupan por los demás y no quieren nada para si mismos. La virtud superior trae un momento de serotonina, pero no dura. Tu mamífero interior se siente aplastado cuando dices que los demás importan y tú no. Te sientes injustamente privado. No es una estrategia sostenible.

Ser "grande" tampoco te traerá serotonina interminable. No te liberará de los altibajos de un cerebro que busca serotonina. Es mejor saber cómo manejar tu cerebro. Puedes tener eso ahora sin esperar a ser "grande".

Tenemos que seguir recordándonos a nosotros mismos que nuestros pensamientos de comparación social no son hechos reales acerca del mundo. Son sustancias químicas desencadenadas por viejas rutas neuronales. Puedes construir nuevas rutas hacia la serotonina si te enorgulleces de tu próximo paso. Puedes sentirte mejor sin menospreciar a los demás. Solo obtienes un pequeño disparo de serotonina de eso, pero luego puedes caminar con orgullo nuevamente y disparar más.

Es fácil ver que la gente añora la importancia social a pesar de ser un tabú. Tu mamífero interior se concentra en la importancia social de los demás. Crees que te están menospreciando y lo ves como una amenaza. Cuando sepas cómo creas esos sentimientos, puedes simplemente relajarte.

HAZ QUE SUCEDA

Completa estos ejercicios para comprender el impulso de la serotonina en el mundo alrededor tuyo.

o **Observa lo que la gente hace para sentirse fuerte o importante a los ojos de los demás.**

_____

_____

_____

o **Nota qué tan a menudo las personas se comparan con otras y cómo difieren con base de esta comparación.**

_____

_____

_____

○ **Observa la forma en que la gente teme perder su fuente de fuerza u orgullo.**

_____

_____

_____

EL DESAFÍO DE LA ENDORFINA

Hoy aprenderás:
o **por qué el dolor desencadena endorfina**
o **por qué no estamos diseñados para buscarlo**
o **una forma segura de estimular endorfina**

Mucha gente conoce la endorfina por el "runners high/subidón del corredor". Fue la primera sustancia química feliz en llamar la atención, por lo que la palabra "endorfina" se usa a menudo para referirse a sustancias químicas felices en general. En verdad, la endorfina es menos importante que las otras sustancias químicas, porque solo es para emergencias.

La endorfina se desencadena por el dolor físico. Es el opioide natural del cuerpo y enmascara el dolor con una sensación agradable durante unos minutos. Eso permite que una criatura herida corra para salvar su vida. Cuando un león abre la carne de una gacela, la endorfina enmascara el dolor el tiempo suficiente para que la gacela actúe para salvarse. En veinte minutos, la endorfina se detiene y la gacela sentirá dolor si ha sobrevivido. El dolor promueve la supervivencia diciéndote que una herida necesita protección.

Si un cavernícola caía y se rompía la pierna, la endorfina le daría unos minutos para buscar ayuda. Has tenido la experiencia de la endorfina si alguna vez te has caído y has dicho que está todo bien, sintiendo un serio dolor veinte minutos después. El dolor desencadena la endorfina, que crea una euforia que enmascara el dolor. La endorfina evolucionó para promover la supervivencia, no para hacerte feliz. No estamos destinados a infligirnos dolor a nosotros mismos para obtener endorfina porque eso no promovería la supervivencia. No estamos diseñados para buscar endorfinas. Tenemos que buscar los otros químicos felices, para ahorrar endorfina solo para emergencias.

Sin embargo, la gente la busca, por lo que es útil saber más. Al igual que las otras sustancias químicas felices, las neuronas se conectan cuando fluye la endorfina, por lo que estamos programados para esperar una buena sensación de los comportamientos que la desencadenan antes. Y debido a que nuestro cerebro se habitúa, se necesita cada vez más dolor para estimularlo. Este es un mal ciclo. Un ejemplo simple es meterse en un jacuzzi. Se siente muy bien durante los primeros minutos debido a la endorfina, pero pronto se habitúa y deja de sentirse bien. El agua más caliente provocaría más endorfinas, pero eso sería peligroso y estúpido. Cuando comprendas tus impulsos naturales, podrás manejarlos mejor.

El ají picante es otro ejemplo. Un chorrito de salsa de pimienta activa la endorfina si no estás acostumbrado, pero pronto se necesitan dos o tres chorros. Te lastimarías el interior si persiguieras la endorfina de esa manera, y ni siquiera sabrías por qué lo estás haciendo. Tu cerebro verbal podría decir que tienes un paladar gourmet, pero eso no es sostenible.

El ejercicio es un ejemplo bien conocido de persecución de endorfina. Obtienes una pequeña gota de endorfina cada vez que te levantas del sofá, pero solo te "subes" si haces ejercicio hasta el punto de sentir dolor. Siempre se necesita más dolor, por lo que este no es un camino sostenible hacia la felicidad. Sin embargo, este camino se ha vuelto popular, por lo que debemos comprenderlo.

Si activas tus endorfinas en un momento en el que te sientes mal, tu cerebro aprende que la endorfina puede aliviar los malos sentimientos. La próxima vez que te sientas mal, piensa en repetir el comportamiento desencadenante de endorfina porque la ruta neuronal está ahí. No ha solucionado la causa subyacente del mal sentimiento, por supuesto, por lo que no es una solución sostenible. Es solo una distracción.

La distracción es popular porque funciona. No funcionaría si fuera perseguido por un león, pero si tu mal presentimiento es causado por imaginar un león, la distracción funciona. Los humanos imaginamos mucho las amenazas. Nuestra corteza intenta protegernos de las amenazas anticipándose a ellas, pero terminamos anticipándonos a muchas amenazas. La distracción interrumpe los pensamientos angustiantes y eso alivia el mal sentimiento. El ejercicio puede distraerte de los malos pensamientos. Pero si hace ejercicio hasta el punto del dolor cada vez que tiene malos pensamientos, puede terminar lastimándose. Se necesita cada vez más dolor para seguir activando la endorfina, por lo que puede terminar con una herida permanente.

No necesitamos endorfina. Necesitamos dopamina, serotonina y oxitocina, pero perseguir endorfina no ayuda a obtenerla. No es la clave de la felicidad. Pero es bueno saber que una forma segura de desencadenar endorfina es reír. La risa activa los músculos abdominales profundos que, por lo general, no se ejercitan. Es solo una pequeña liberación de endorfina, pero puedes obtener más riéndote más. Las risas reales son la forma de activar estos músculos, así que haz lo que sea necesario para expandir la risa en tu vida. Puedes decir que no hay mucho de qué reírse, pero si no puedes reír hasta que el mundo sea perfecto, te privas de la endorfina. En cambio, aquí hay algunas formas sencillas de obtener la endorfina de la risa.

Primero, no reprimas tus risas. Muchas personas reprimen su risa porque piensan que se ven mal o poco atractivas. Si aprendiste a silenciarte a una edad temprana, lo haces de forma tan automática que ni siquiera te das cuenta. Quien te enseñó a no reír estaba mal informado. La risa es un camino sostenible hacia la endorfina. Puedes aprender a darte cuenta de tu hábito de silenciarlo, y redirigirlo. Puedes darte permiso para reír y disfrutar de las recompensas.

En segundo lugar, prioriza tu propio sentido del humor. Si cedes siempre ante de las preferencias de entretenimiento de otras personas, puedes perder lo que te hace reír. En lugar de eso, dejas espacio para lo que te divierte. Puedes relacionarte con amigos y familiares de formas que no sacrifiquen tu endorfina.

Finalmente, planifica. Puede parecer extraño, pero se necesita tiempo para encontrar cosas que te hagan reír. Yo tengo que buscar en largas listas de comedias que no me gustan antes de encontrar cosas que me gustan. Busco cuando estoy de buen humor, así que estoy listo con listas de cosas divertidas para un mal día. Puedes abastecer tu despensa con humor saludable de la misma manera que se abastece de bocadillos saludables.

Puede parecer que otros están altos en endorfina todo el tiempo, pero no es así. Este químico evolucionó para emergencias. No estamos destinados a perseguirlo, por lo que no se analizará más en este libro.

HAZ QUE SUCEDA

Completa estos ejercicios para comprender la necesidad de endorfina en ti mismo y en los demás.

○ Piensa en un momento en el que te lastimaste pero no lo sentiste durante un tiempo. Pregúntales a los demás si les ha ocurrido esto.

_____

_____

_____

○ Piensa en las formas en que las personas se infligen dolor para obtener endorfina. Encuentra el ciclo de hábito en esos pensamientos y acciones.

_____

_____

_____

○ **Enumera las formas en que puedes agregar risa a tu vida.**

_____

_____

_____

EL DOLOR DEL CORTISOL

Hoy aprenderás:
o la manera en que el cortisol te hace sentir que tu supervivencia está en riesgo
o por qué tenemos falsas alarmas
o porque nos encanta cualquier cosa que alivia el cortisol

El cortisol es el sistema de transmisión de emergencia de la naturaleza. Crea el sentimiento de que algo horrible está sucediendo. Esto motiva a hacer lo que sea necesario para detenerlo, y prepara todo el cuerpo para la acción. Pero a menudo, no sabemos cómo detenerlo porque el cerebro mamífero no puede decir en palabras porque está soltando el cortisol. No es de extrañar que se llame el "químico del estrés".

En las gacelas el cortisol se libera cuando ellas huelen un depredador y corren, porque eso detiene al cortisol. El pensamiento consciente no es necesario para que el cortisol haga su trabajo. Tu cortisol trabaja sin que tú estés consciente también. Tú buscas detenerlo urgentemente, pero es difícil saber el porqué, ya que no estás pensando conscientemente que un depredador está cerca para comerte. Es más fácil manejar los malos sentimientos cuando entiendes cómo se crearon.

Las neuronas se conectan cuando el cortisol fluye y te programan para desencadenarlo rápidamente cuando ves algo vinculado a lo que generó cortisol en tu pasado. Las campanas de alerta que tienes fueron construidas por tus propias experiencias. Hoy, aprenderás de tu sentido natural de alarma para que te sea más fácil encontrar el interruptor de apagado.

El cortisol está diseñado para captar tu atención. Una gacela preferiría seguir comiendo cuando huele al depredador, pero corre porque el cortisol le hace sentir mal. El hambre también desencadena el cortisol, por lo que una gacela solo corre cuando las señales de un depredador desencadenan aún más cortisol. Esto lo decide con las rutas neuronales construidas a partir de su propia experiencia pasada. Esto no significa que conscientemente esté tratando de salvar su vida porque el cerebro animal no realiza abstracciones como vida o muerte. Solo está tratando de sentirse bien haciendo que un mal presentimiento se detenga. ¿Pero cómo sabe qué hacer? Miremos más a fondo.

El cortisol se desencadena por el dolor. Las mandíbulas de un depredador desencadenan mucho cortisol. Pero si necesitas ser mordido antes de que decidas correr, pocas criaturas habrían logrado sobrevivir. El cortisol promueve la supervivencia dando una advertencia anticipada y lo hace de una manera fascinante. Imagínate que eres un lagarto que está siendo devorado por un águila. Tu cola está en su pico, pero te las arreglas para escurrirte y salvar tu vida. El dolor del pico del águila en tu carne desencadenó cortisol. Eso construyó conexiones entre todas las neuronas activas en ese momento. Esto incluye la oscuridad repentina que experimentaste cuando el águila se abalanzó sobre ti. La próxima vez que una oscuridad repentina ocurra, vas a correr por tu vida. Los reptiles tienen muy pocas neuronas suplemento para construir nuevos circuitos, pero las que tienen son solo para este propósito.

Los humanos tenemos muchas neuronas adicionales disponibles para construir circuitos de alerta anticipada. No tienes que tocar una estufa caliente dos veces porque el dolor de la primera construye una gran ruta del cortisol. La próxima vez que veas una estufa encendida, el cortisol se encenderá a tiempo para advertirte que retires tu mano. Eso sucede tan rápido que no te das cuenta.

En la Edad de Piedra, nuestros antepasados crecieron alrededor de los incendios, y el cortisol los conectó para hacer lo que sea necesario para evitar el dolor. Hoy no queremos que nuestros hijos aprendan del dolor, pero necesitamos entender el sistema de alarma que heredamos para aprender a gestionarlo.

Nosotros anticipamos mucho el dolor porque es la estrategia de supervivencia del cerebro. El pensamiento consciente no se necesita para anticipar el dolor y apresurarse a escapar. Incluso cuando tu cerebro verbal dice "no me molesta", o no te das cuenta de que se siente amenazado, tus circuitos de cortisol pueden encender la sensación urgente de que algo está mal. Sientes que tienes hacer algo rápido para evitar un desastre. ¿Pero cómo?

Con lo que fuera que lo detuvo en tu pasado. La comida detiene la mala sensación de hambre, por lo que el cerebro animal busca comida cuando un nivel bajo de azúcar en sangre provoca el cortisol. El fuego detiene la mala sensación de frío, por eso nuestros antepasados buscaban la leña. No esperaban a tener hambre o frío. Anticipaban amenazas futuras y actuaban para resolverlas, gracias al cortisol.

Pero la mayor parte del tiempo no está tan claro qué fue lo que desencadenó estos malos presentimientos, o qué los puede detener. Por ejemplo, imagina que tu jefe o tu pareja te dice "tenemos que hablar". Una sensación de fatalidad recorre tu cuerpo, aunque no esperas conscientemente un dolor físico. Asumes que existe una amenaza real porque no puedes creer que una ruta antigua podría causar este fuerte sentimiento. Veamos aún más a fondo por qué anticipamos el dolor.

Un león necesita un tanque lleno de energía para ganar en una persecución. Así que, en lugar de esperar estar hambriento para cazar, los sonidos de cortisol le envían una alarma para que avance. Sin intención consciente, un león anticipa el hambre con el fin de aliviarlo. Y tú probablemente, ¡vas al refrigerador antes

de tener hambre! Tu cerebro aprendió que la comida puede aliviar el cortisol, así que cuando te sientes mal simplemente lo intentas.

El cerebro mamífero también anticipa el dolor social y el dolor físico. El dolor social es una amenaza a tu capacidad para satisfacer una necesidad social. En el estado de naturaleza, el dolor social y el físico están conectados porque los depredadores atacan a quien está separado del grupo. Si una gacela espera hasta verse aislada para sentirse amenazada, no sobrevivirá, así que el cortisol la motiva a anticipar la amenaza y permanecer cerca de su grupo. Los mamíferos buscan constantemente el paradero de sus compañeros de tropa para sentirse seguros. Es fácil ver por qué tu cerebro libera cortisol cuando tu búsqueda para cumplir las necesidades sociales se encuentra con inconvenientes.

Cualquier dolor social en tu pasado te conectó para encender el cortisol cuando percibe una situación similar en la actualidad. La gacela no nace temiendo el aislamiento social, sino que la experiencia pronto la conecta con esto. Cuando una gacela joven se aleja de la leche materna, pronto tiene hambre, por lo que su cerebro vincula la separación con el dolor del hambre. La madre entra en pánico cuando se aleja y la cría percibe el pánico de la madre cuando se reencuentran. Finalmente, la mamá muerde al niño para reforzar la lección y el dolor de la mordida fortalece la conexión entre separación y dolor. Una gacela joven pronto se conecta para correr cuando la manada corre sin conciencia de por qué lo está haciendo.

Un tipo diferente de dolor social aparece cuando te sientes por debajo del otro. Tu cerebro libera cortisol cuando ves que estás en una posición de desventaja porque esto promueve la supervivencia en el mundo primitivo. Imagina que eres un pequeño mono luchando con un amigo, y resulta que él es más fuerte de lo que esperas. Rápidamente te domina, así que el cortisol te advierte que retrocedas antes de ser herido.

Las neuronas se conectan y te avisan para que te sientas mal más rápido cuando te veas en una posición de desventaja. Esta respuesta podría salvar tu vida algún día cuando te cruces con un compañero más fuerte. El cortisol nos cablea para retirarnos y evitar el conflicto. Preferimos no retirarnos, por lo que se necesita un mal presentimiento para motivarnos a hacerlo.

Todos tenemos circuitos de cortisol que nos dicen cuándo sentirnos amenazados y cómo escapar de la amenaza percibida. Cada uno tiene un historial de cortisol porque nacimos con necesidades que somos incapaces de satisfacer. El cerebro verbal se esfuerza por explicar esos sentimientos de amenaza. Tal vez los descarta como "irracionales" y trata de ignorarlos. Pero no se van, así que es mejor entender tu propio sistema de alarma.

El cortisol te motiva a encontrar la información importante para tu supervivencia. Una gacela recopila información antes de que se ejecute para no ir en la dirección incorrecta. Cuando su cortisol se enciende, busca detalles sobre la amenaza. El cortisol es el radar de peligro de la naturaleza (con la ayuda del químico de la adrenalina.)

Miras señales de amenaza sin intención consciente porque la electricidad en tu cerebro fluye fácilmente hacia caminos del cortisol construidos en tu pasado

Es difícil resolver problemas mientras el cortisol surge porque se enfoca en los inconvenientes de cada solución posible. Es útil saber que el cortisol tiene una vida media de veinte minutos. Es decir que tu cuerpo elimina la mitad en ese tiempo y la otra mitad en veinte minutos más. La mayor parte desaparecerá en una hora, a menos que lo actives más. Pero lo activamos muy frecuentemente porque somos muy buenos encontrando más evidencias de amenazas. Nuestra corteza intenta ayudar con su enorme capacidad y encuentra más señales de amenaza. Entonces, liberas más cortisol y, por lo tanto, buscas más amenazas. Puedes producirte un espiral de cortisol. ¿Qué podemos hacer?

Detente y haz algo que te guste durante veinte a cuarenta minutos. Eso distraerá tu cerebro de la búsqueda de las amenazas. Si, por otra parte, sigues intentando resolver el problema mientras tu cortisol está aumentando, te sentirás como desesperado como una gacela sin ruta de escape. Las cosas se verán diferente cuando la mayor parte del cortisol desaparezca. En emergencias reales esto no funciona, pero tú puedes aprender que la mayoría de las viejas respuestas del cortisol no son emergencias reales.

Permanecer sin hacer nada es difícil cuando el cortisol está gritando: "¡haz algo!". Las distracciones malsanas son populares por esta razón. Ayudan a cambiar de un mal sentimiento a un buen sentimiento. Las distracciones sanas son accesible con un poquito de planificación previa. Empieza por listar las cosas con las que disfrutas. No es el momento inmediato de cosas que el cerebro te dice que "son buenas para ti."

Se honesto contigo mismo acerca de tus gustos, pero amplía tu lista con nuevas posibilidades. Lo mejor es elegir actividades que involucran la mente y el cuerpo juntos (como cocinar, hacer jardinería, jugar, tocar un instrumento, practicar artes y manualidades), porque son muy efectivas para distraerte de los pensamientos negativos.

Ahora prepara una manera de participar en estas actividades durante los momentos de cortisol. Esto puede significar, por ejemplo, comprar suministros, crear un kit de viaje, o simplemente darte el permiso para hacer algo que siempre has querido hacer. Después de 20 a 40 minutos puedes regresar a "lidiar" con el problema.

Los humanos siempre han luchado para comprender el cortisol. Es importante saber que la decepción lo desencadena. Si no obtienes el pony que querías en Navidad, no piensas conscientemente que tu supervivencia está amenazada, pero el cortisol te hace sentir de esta manera. Para ver por qué, imagina que eres un león hambriento y la gacela que estás persiguiendo escapa. El cortisol aumenta y te motiva a detener la persecución. Odias parar porque ¡estás tan cerca y tienes tanta hambre, así que necesitas un fuerte presentimiento para anular la expectativa de una recompensa. El mal sentimiento promueve la supervivencia porque morirías de hambre si sigues persiguiendo la gacela escapada.

Necesitas saber cuándo debes rendirte para tener energía suficiente disponible. El cortisol nos ayuda a tomar buenas decisiones sobre dónde invertir nuestra energía. Las neuronas se conectan y anticipan la decepción más rápido en un futuro similar. Cuando el camino de cortisol se enciende, parece una amenaza real en vez de una decepción.

Nuestros antepasados sobrevivieron confiando en su cortisol. Sus hijos no fueron devorados por depredadores porque se anticiparon a las amenazas y tomaron las respectivas precauciones. El cortisol te ayuda a anticipar las amenazas para que actúes a tiempo y prevenir. Pero no notas tu éxito porque tu gran cerebro busca rápidamente la siguiente amenaza potencial. Todo se siente menos amenazador cuando logras entender tu cortisol.

HAZ QUE SUCEDA

Completa estos ejercicios para que comprendas el poder del cortisol en tu vida diaria.

o **Observa cuando alguien se sienta mal y trata de darte cuenta qué dolor está anticipando.**

_____

_____

_____

o **Cuando te sientas mal, observa cómo tu cerebro verbal trata de explicarlo y aliviarlo.**

_____

_____

_____

o **Cuando te sientas mal, fíjate en la forma en que buscas más evidencias de amenaza, y cómo** quizás desencadenas más sentimiento de amenaza.

_____

_____

_____

TU PASADO DE DOPAMINA

Hoy:
o descubrirás tus viejos caminos de dopamina
o reconocerás los patrones y hábitos que tiene para estimular la dopamina
o identificaras la experiencia temprana que construyó tus antiguas rutas de dopamina

La dopamina te dice "¡Puedo conseguirlo!" Se siente muy bien, pero no te beneficiarías de sentirla cada minuto. Terminarías persiguiendo cosas que no te sirven a largo plazo. Nuestro cerebro está diseñado para tomar decisiones cuidadosas sobre cuándo liberarla. Pero se basa en viejas rutas de dopamina para hacerlo. No son guías perfectas para la realidad actual, por lo que es bueno saber que puedes ajustar tus viejos caminos una vez que aprendas a notarlos. Sin embargo, se necesita trabajo y no harás el trabajo hasta que reconozcas el poder de tus viejos caminos.

La electricidad en el cerebro fluye como el agua en una tormenta, encontrando los caminos de menor resistencia. El mundo inunda tu cerebro con más detalles de los que puedes procesar, por lo que tienes sentido de las cosas al dejar que la electricidad fluya hacia rutas creadas por experiencias pasadas. Cuando ves algo vinculado a una experiencia de dopamina, la electricidad activa el interruptor "on" de la dopamina. Así es como nos emocionamos sin saber por qué con palabras.

Hemos visto que la expectativa de recompensa desencadena la dopamina. Pero oímos que es malo estar motivados por recompensas, así que nos gusta pensar que estamos motivados por un propósito más elevado. No vemos cómo definimos el "propósito superior" con caminos de recompensa construidos a partir de experiencias pasadas.

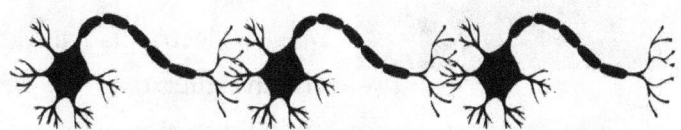

La experiencia temprana construyó las supercarreteras de su cerebro porque un cerebro joven tiene mucha mielina. Esta es el químico que recubre una neurona de la manera en que el aislamiento recubre un cable, ayudando a que la electricidad fluya a velocidades súper. Sus neuronas mielinizadas son tan eficientes que se activan sin esfuerzo. Las cosas tienen sentido al instante cuando dejas que la electricidad fluya hacia un camino que mielinizaste en tu juventud. Tenemos mucha mielina antes de los ocho años y durante la pubertad, así que sus experiencias repetidas en esos años construyeron las redes neuronales centrales que tienes hoy en día.

No tienes que recordar estas experiencias para que formen tus respuestas. Te sientes como si estuvieras viendo los hechos. Para entender el poder de las rutas neuronales, imagina que tu vecino vuelve a casa con un auto nuevo. Nunca has visto este modelo antes, pero una vez que lo ves en casa, lo ves en todas partes. ¿Como es esto posible? Porque verlo en casa conecta tus neuronas que permiten que la electricidad fluya allí sin esfuerzo.

Antes de construir ese camino, tus ojos vieron el auto en las calles, pero no se activó ningún significado. Esto se debe a que los detalles del auto no coincidían con una ruta existente en el cerebro. La electricidad no fluye fácilmente a lo largo de las neuronas no desarrolladas, por lo que simplemente se desvanece a menos que sea impulsada por un sentido neuroquímico de urgencia. Ves cosas que se ajustan a las viejas rutas porque la electricidad fluye.

Aprendiste a reconocer el auto de tu vecino sin esfuerzo ni intención conscientes. La repetición fue todo lo que se necesitó. Si tuvieras sentimientos fuertes sobre el auto, ya sean positivo o negativo, habrías aprendido aún más rápido. Si habías visto el auto cuando eras joven, el camino neuronal sería aún más grande. La experiencia desarrolla neuronas de una manera que crea significado.

Se puede distinguir entre un auto y otro sin saber conscientemente cómo. Un niño pequeño puede distinguir entre un perro y un gato sin saber conscientemente cómo hacerlo. Y de la misma manera, ves las cosas como buenas para ti o malas para ti sin saber conscientemente cómo. Es solo electricidad que fluye en un camino construido a partir de la experiencia pasada.

No eres impotente ante la electricidad en tu cerebro. Tienes cierto control sobre dónde fluye. Es difícil redirigir desde una ruta mielinizada hacia una neurona no desarrollada, pero tienes éxito al hacerlo muchas veces al día.

Hacer un rompecabezas es un ejemplo simple. Ves un agujero de cierta forma y buscas una pieza que coincida. La dopamina te recompensa cuando encuentras la pieza que encaja. Sigues  para cada pieza, manteniendo una forma en tu mente y escaneando hasta que veas algo que coincida. Se necesita toda tu atención para activar una imagen interna y escanear el mundo externo para una coincidencia. Pero disfrutas de más dopamina con cada éxito, por eso los rompecabezas son populares.

Haces lo mismo cuando buscas trabajo o un amigo. Activas una imagen de lo que necesitas y luego escaneas el mundo en busca de una coincidencia. La diferencia entre encontrar una pieza de rompecabezas y encontrar trabajo o amor es que la forma de la pieza del rompecabezas es arbitraria, pero la forma del trabajo o pareja que buscas es un cúmulo de expectativas para satisfacer tus necesidades no satisfechas. Tus expectativas se construyen a partir de tu propia experiencia pasada con recompensas y dolor.

A veces buscamos recompensas que nos lastiman a largo plazo. No sabemos por qué, al no ser conscientes de los patrones almacenados que guían nuestra búsqueda. Tomarías diferentes decisiones si conectaras un nuevo patrón. ¡Y tú puedes!

El primer paso es detectar tu viejo patrón.

El segundo paso es diseñar un camino alternativo a la dopamina.

El tercer paso es repetir la alternativa hasta que se construya una nueva ruta. Completarás los pasos dos y tres el día 11, así que comencemos descubriendo tus viejos caminos a la dopamina.

Es más fácil ver estos patrones en otros. Cuando era niño, mi madre siempre ponía una naranja en mi calcetín navideño. No podía entender por qué tomaba algo del refrigerador para llenar mi calcetín. Cuando murió, me enteré de que las naranjas eran un gran lujo cuando ella era joven. Si ella hubiera tenido una para Navidad, le habría desencadenado la dopamina. Así que siempre lo veía como un regalo, mientras que mi cerebro siempre lo veía como algo dado por sentado. Cada cerebro ve el mundo a través de la lente de sus propias rutas.

Para encontrar tus propias rutas de dopamina, te ayudará saber que el principal trabajo de la dopamina es la predicción. Nuestro cerebro constantemente hace predicciones con el fin de sobrevivir, y la dopamina le recompensa por hacer una predicción correcta. Nuestros antepasados predijeron dónde se podía encontrar agua y dónde podría correr una presa. Las malas predicciones eran una amenaza para la supervivencia, por lo que estaban altamente motivados para mejorar sus predicciones. Hoy hacemos predicciones sobre el clima, los deportes, la política, el mercado de valores, e incluso la lotería, y disfrutamos de un poco de dopamina cuando tenemos razón.

Tú predices dónde se puede encontrar un lugar de estacionamiento con el fin de hacer tus mandados. Un ajedrecista siempre predice qué movimiento funcionará. Un entusiasta del vino siempre está tratando de predecir qué botella será buena. Alguien que busca empleo siempre está tratando de predecir qué oferta de empleo recompensará sus esfuerzos. La alegría de la dopamina se basa en hacer predicciones correctas.

Cada predicción correcta crea la ruta que le guía a hacer una predicción similar en el futuro. Es difícil pensar en tu alegría en la vida como una búsqueda de buenas predicciones, así que veamos más ejemplos.

Ver una película o leer una novela desencadena la dopamina porque siempre estás tratando de predecir que va a pasar. Sigues buscando indicios, así que es como hacer un rompecabezas. La dopamina se estimula cuando lo descubres todo, y eso te conecta para buscar más buenas sensaciones en la ficción. Las neuronas espejo realzan la buena sensación cuando ves a los personajes disfrutar de la dopamina, serotonina, u oxitocina. Tu mente está distraída de las amenazas en las que te detienes mientras decodificas la ficción. No es de extrañar que sea tan popular.

Por supuesto, no estás satisfaciendo tus necesidades reales cuando consumes ficción, pero puede ayudar a despejar tu mente para una mejor resolución de problemas más tarde. Si más tarde nunca viene, te pierdes los chorros de dopamina más grandes que vienen de tomar acción en la vida real.

Ver deportes es similar. Tú haces predicciones buscando en tu base de conocimiento, y te sientes muy bien cuando la predicción es correcta. La actividad obtiene oxitocina por sentir camaradería, y serotonina reflejando el orgullo del atleta que anota. Las neuronas se conectan, por lo que esperas más buenas sensaciones del deporte. Sólo pensar en tu próximo evento deportivo pone en marcha tu dopamina. Nuestro cerebro no evolucionó para preocuparse por conseguir una pelota a través de una  línea, por supuesto. Solo le importa cuando tuviste una experiencia temprana de deportes que satisfizo tus necesidades.

El coleccionismo es otro camino popular para la dopamina. Un coleccionista siempre está escaneando el mundo en busca de nuevos artículos que se adapten a su colección. ¡Cuando encuentra uno: dopamina! En la vida real, es difícil satisfacer las necesidades, pero coleccionar te permite definir tus "necesidades" de una manera que puedas satisfacerlas. Creas una misión en la que puedes tener éxito, y cuando la dopamina ha terminado, comienzas una nueva misión.

La música es otra actividad estimulante de la dopamina. Es difícil verlo de esta manera, pero cuando escuchas o reproduces música, estás constantemente buscando el patrón y prediciendo la siguiente variación en él. La música estimula tu dopamina cuando es lo suficientemente familiar como para predecir correctamente, pero no tan familiar que puedes predecirla sin esfuerzo de búsqueda de patrones. El esfuerzo también alivia el cortisol porque tu mente está demasiado ocupada para rumiar sobre posibles amenazas. Es una manera sostenible de aliviar el cortisol y disfrutar de un poco de dopamina, aunque menos dopamina de lo que obtendría de la acción para satisfacer tus necesidades.

Los videojuegos son un camino popular de dopamina porque desencadenan la sensación que "Puedo conseguir" una y otra vez. Los videojuegos desencadenan la dopamina porque predices qué acción te acercará a la meta. Siempre hay otro paso que se puede dar hacia otra recompensa, por lo que puede seguir estimulando la dopamina. La oxitocina aumenta la buena sensación si juegas con los demás, y la serotonina aumenta cuando ganas. El alivio del cortisol aumenta la buena sensación porque el juego apaga los pensamientos desagradables. Por supuesto, no satisfaces las necesidades reales ni obtienes recompensas reales cuando juegas videojuegos. Además, no estás utilizando la energía que la dopamina libera, razón por la cual la gente se siente tensa después de jugar.

Se suele culpar a las redes sociales y los dispositivos multimedia por los hábitos de dopamina. Culpar al dispositivo no te ayuda a identificar tus propias rutas. Buscamos estos dispositivos porque buscamos dopamina, y porque nos ayudan a satisfacer nuestras necesidades de oxitocina y serotonina, como veremos en los próximos dos días. Podemos usar nuestros dispositivos electrónicos de maneras saludables cuando entendemos nuestro propio cerebro.

A veces, la gente hace malas predicciones. Un alcohólico predice que se sentirán bien después de la próxima bebida. El jugador predice que va ganar si sigue jugando. La adicción se base en grandes recompensas tempranas que construyen grandes expectativas de más recompensas futuras. Nuestra experiencia pasada no necesariamente conduce a buenas predicciones sobre el mundo tal como es. Pero confiamos en ello de todos modos porque las neuronas ya están desarrolladas.

Afortunadamente, puedes construir nuevas rutas si alimentas tu cerebro con nueva información sobre el mundo, repetidamente. Pero la idea de dejar tu viejo camino a menudo se siente como una amenaza de supervivencia, porque es el camino hacia la supervivencia que ya conoces. Así que tienes que mostrar a tu mamífero interior una nueva forma de obtener recompensas. A continuación, puedes repetir la nueva forma hasta que fluya la electricidad y se sienta normal. Aprenderás esto el día 11.

HAZ QUE SUCEDA

Completa estos ejercicios para reconocer el poder de tus viejas rutas de dopamina.

o **Fíjate cuando te sientes emocionado por algo. ¿Qué recompensa había en tu pasado con el mismo patrón básico?**

_____

_____

_____

○ Piensa en una actividad que te guste. Fíjate en la forma en que sientes el momento en que empiezas a planear hacerlo.

_____

_____

_____

○ Piensa en cosas que te hicieron feliz cuando eras niño. ¿Qué haces hoy que se ajusta al mismo patrón básico?

_____

_____

_____

TU PASADO DE OXITOCINA

Hoy:
o **Notarás patrones en tus esfuerzos de búsqueda de oxitocina**
o **Identificarás la experiencia temprana que construyó tus rutas de oxitocina**
o **Reconocerás tu deseo de repetir comportamientos que estimularon la oxitocina en tu pasado**

Todos nacemos indefensos y necesitamos apoyo para sobrevivir. La oxitocina se libera cuando recibes apoyo. Las neuronas se conectan, lo que crea la expectativa de apoyo de la misma manera que lo tenías antes. Estas expectativas no siempre tienen sentido para tu cerebro verbal, pero confías en ellas de todos modos. Con honestidad valiente, puedes descubrir tus viejos caminos de apoyo social para poder redirigirlos.

Un bebé recién nacido recibe apoyo llorando. No tiene intención de llorar. Llora en respuesta al cortisol que surge cuando sus necesidades no se satisfacen. Llorar es una de nuestras únicas habilidades innatas, y funciona: trae apoyo que satisface las necesidades de un bebé. Poco a poco, un bebé aprende otras maneras de satisfacer sus necesidades y obtener apoyo. Pero también aprende que el apoyo no siempre está ahí, lo que se siente como una amenaza de supervivencia. Esto no es el resultado de una mala crianza. Cada nuevo cerebro debe aprender que es una persona separada que no puede controlar a los demás. Con el tiempo, tus habilidades crecen, pero todavía tienes momentos en los que no puedes satisfacer tus necesidades, y tu cortisol aumenta. Todavía quieres gritar pidiendo ayuda. Gritar tiene malas consecuencias en la vida adulta, pero el circuito que te hace querer gritar sigue ahí.

Aprendemos palabras elegantes para hablar de apoyo social. Esto nos ayuda a obtener apoyo, pero no nos ayuda a entender nuestros propios circuitos. Así que vamos a ver algunas respuestas reales de oxitocina debajo del lenguaje elegante. Un ejemplo sencillo es un niño cuyos padres fuman cigarrillos con amigos. El cerebro del niño vincula los sonidos de la amistad con el olor de los cigarrillos. Hoy en día, tienen un buen presentimiento sobre los fumadores, aunque no saben por qué.

La experiencia vivida también construye asociaciones negativas. Por ejemplo, mi madre estaba sacando cordero del horno cuando recibió la llamada de que mi abuela murió, y nunca volvió a cocinar cordero. Ella no pensó conscientemente que perdería a alguien si cocinaba cordero, por supuesto, pero las grandes experiencias de supervivencia construyen grandes caminos en el cerebro.

Tu cerebro siempre está tomando decisiones sobre el apoyo social con las rutas que tienes. Los circuitos antiguos nunca son una guía perfecta para la vida social de los adultos, por lo que todos necesitamos construir algunos ajustes. Pero tenemos que reconocer la realidad de nuestros circuitos antes de poder adaptarlos. Tenemos que notar los patrones en nuestras expectativas sobre el apoyo para saber que esos patrones no son la realidad misma. Tus caminos mielinizados facilitan algunos detalles del mundo e ignoran a otros. Seguirás haciendo las mismas suposiciones sobre el mundo hasta que percates tus rutas viejas.

Comencemos con la experiencia de los adolescentes porque son más fáciles de recordar que la primera infancia. La pubertad en animales nos ayuda a entender nuestros propios altibajos. Monos y simios generalmente dejan a sus padres porque la endogamia destruiría una especie. No lo piensan conscientemente, pero en la mayoría de las especies, todos los machos se van o todas las hembras se van. La selección natural construyó un cerebro que te motiva a construir nuevos lazos sociales en la pubertad. Pero un mono adolescente está aterrorizado cuando sale de la red de apoyo que tiene. El aislamiento es una amenaza para la supervivencia, por lo que se apresura a encontrar aceptación en un nuevo grupo. Su oxitocina aumenta cada vez que recibe apoyo en un nuevo lugar, y eso lo conecta para esperar buenas sensaciones allí. La mayoría de los monos son rechazados mucho antes de encontrar aceptación, así que se quedan con la tropa que los deja entrar.

El sexo desencadena más oxitocina que la pertenencia, por lo que los monos están muy motivados para encontrar oportunidades de apareamiento. Sin embargo, son sorprendentemente particulares. Un mono joven debe probarse a sí mismo de varias maneras antes de que pueda aparearse. Tienen que generar confianza con repetidos momentos de oxitocina. Por lo tanto, los monos jóvenes están ansiosos por hacer cosas que construyan confianza.

Los humanos tienen impulsos similares. Buscamos nuevos lazos en la adolescencia, y el impulso de encontrar socios nos motiva a hacer cosas que construyan confianza. La oxitocina aumenta cuando encontramos aceptación, y eso nos conecta para repetir los comportamientos asociados con ella.

Cualquier momento de aceptación que sentías cuando eras adolescente construyó un camino que te decía "¡este es el camino a seguir!" No pensamos esto conscientemente, así que es más fácil ver cómo funcionó con nuestros antepasados. Por lo general pasaban sus vidas con la misma tribu o el mismo pueblo, pero si se movían, por lo general era para conseguir una pareja. Una vez en un nuevo grupo, tuvieron que aprender caras nuevas, nuevas habilidades y una nueva forma de llegar a casa en la oscuridad. La mielina de la pubertad les ayudó a conectar nuevos caminos a las recompensas. Todos tenemos más mielina en la pubertad, por lo que tus experiencias adolescentes son fundamentales para tus caminos de búsqueda de recompensas.

Tú puedes sentirte avergonzado o incluso ofendido por la sugerencia de que estás comportándote en base a una red neuronal construida en la adolescencia. Pero si buscas patrones, verás la coincidencia entre tus experiencias adolescentes y la forma en que buscas apoyo social hoy en día. Es reconfortante saber que todo el mundo hace esto. También conectamos el miedo al aislamiento que experimentamos mientras transferimos el apego de los padres a los compañeros. A veces ese miedo es difícil de encontrar porque los adolescentes quieren independencia. Pero si buscas patrones en tus sentimientos amenazados hoy, verás cómo encajan con las amenazas que experimentaste cuando eras adolescente.

Las neuronas espejo juegan un papel importante en nuestro aprendizaje de oxitocina. Cuando veas a otro niño recibir atención, las neuronas espejo provocan el impulso de hacer lo que hacen. El chico "popular" es imitado sin intención consciente. Los caballos reflejan al caballo principal de esta manera. No eligen conscientemente a un líder. Sólo imitan al caballo que parece saber lo que está haciendo.

Cuando ves que otros reciben apoyo social,

parece que lo reciben sin esfuerzo todo el tiempo. Crees que tienen un camino fácil a la oxitocina porque no ves la sensación de aislamiento que su cerebro de mamífero crea. Te preguntas qué le pasa a tu vida. Ayuda saber que la oxitocina es difícil para todos porque se metaboliza rápidamente, por lo que tenemos que seguir encontrando más.

El impulso egoísta de protección está oscurecido por las palabras virtuosas que usamos para discutirlo, como el "altruismo" y la "empatía". Debajo de estas abstracciones, el cerebro de los mamíferos anhela protección. La expresión "cubrirte la espalda" describe bien esta sensación. La protección sutil, como alguien que se pone de tu lado en una discusión, desencadena un buen goteo de oxitocina. Una gran oleada se desencadena si alguien literalmente te rescata del peligro. Eso te conecta para sentirte profundamente unido a la persona, incluso si de hecho es un poco sospechosa.

Lo contrario también es cierto: si alguien no te protege cuando lo esperas, la decepción desencadena el cortisol. Las neuronas se conectan, y las ves como una amenaza sin saber muy bien por qué. Podemos cambiar estos circuitos, pero primero debemos reconocerlos.

Es más difícil identificar tus impulsos verdaderos cuando idealizas los lazos sociales. Anhelamos protección, y ser realista sobre este impulso te ayuda a entender tus fuertes reacciones a altibajos en el apoyo social. Por ejemplo, cuando alguien no comparte tu

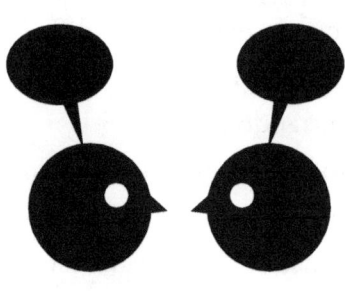

opinión, fuertes sentimientos pueden estallar porque las alianzas sociales son una cuestión de supervivencia para el cerebro mamífero. Cuando no sabes cómo creaste estos sentimientos, concluyes que la otra persona debe ser realmente una amenaza.

Imagina que haces nuevos amigos en la escuela, y te piden que hagas trampa en los exámenes con ello. Insisten en que es solo "compartir", lo que todos los amigos deben hacer. Tú puedes temer perder tu apoyo social si no te sometes a sus expectativas. El cortisol es liberado, y te conecta para temer perder amigos en el futuro. No te dice esto en palabras, pero cedes a las expectativas de los demás para aliviar el cortisol y mantener la oxitocina.

A veces, tú eres quien tiene expectativas. Cuando otros no las cumplen, es posible que te sientes abandonado sin darte cuenta de tu propio papel en el resultado. Es difícil notar tus propias expectativas porque son sólo electricidad que fluye en rutas conectadas por la experiencia pasada.

Todo el mundo se enfrenta a la decepción en el camino a la oxitocina. Ningún niño o adolescente recibe el apoyo que esperan para cada minuto. Si lo hicieran, eso construiría expectativas poco realistas que les decepcionarían en el futuro. Todos vemos el mundo a través de la lente de decepciones pasadas.

El cortisol se libera cuando no consigues el apoyo que buscas. Evitamos las cosas que desencadenan el cortisol, así que queremos evitar tender la mano y decepcionarnos. El resultado es un conflicto interno entre las ganas de obtener apoyo y el miedo al rechazo. El camino a la oxitocina está lleno de decepciones frustantes.

En el pasado, este conflicto se resolvió manteniéndose con la misma manada para siempre. El mundo era tan peligroso que no te atreviste a enfrentarlo tú solo. Te frustraste con tu manada, pero no te alejaste porque los depredadores atacan a individuos aislados. La gente se centraba en enemigos comunes para aliviar la tensión dentro de la tribu. Y cuando la infancia había terminado, no esperaban que la tribu les diera un nivel de apoyo similar al de un niño.

Hoy en día, es más seguro vivir sin la protección de una tribu, por lo que la gente se siente libre de andar buscando más apoyo en otra parte. Pero todavía nos decepcionamos debido a expectativas poco realistas. Y nos decepciona porque buscamos protección de otros mamíferos, que de hecho están buscando protección para ellos mismos.

A veces tenemos éxito en la construcción de alianzas mutuas. Recibimos apoyo dando apoyo, y es más fácil cuando encontramos aliados que están dispuestos a dar el tipo de apoyo que deseamos, y recibir el tipo de apoyo que estamos dispuestos a dar. Tales alianzas satisfacen nuestras necesidades de oxitocina con menos cortisol. Pero es difícil encontrar una reciprocidad tan perfecta. Se necesita mucha honestidad sobre sus propios impulsos y mucha tolerancia a la decepción mientras se busca.

De hecho, las alianzas mutuas son tan difíciles de construir que a menudo nos unimos a alianzas organizadas por otros. Estos grupos a menudo se mantienen unidos acentuando enemigos comunes, porque eso es lo que hacen los mamíferos. Esto se siente bien a corto plazo porque obtienes la solidaridad social que tu mamífero interior está buscando. Pero tienes que concentrarte en el enemigo común para seguir recibiendo las recompensas. Tienes que gastar tu energía protegiendo al grupo de sus amenazas percibidas, y a cambio recibes protección de las amenazas que ellos perciben en contra. Puedes terminar gastando mucha energía en acciones que realmente no satisfacen tus necesidades. No es un camino sostenible hacia la oxitocina.

Veamos un simple ejemplo. Digamos que te gusta el arte, así que te unes a un grupo de arte. Descubres que el grupo pasa mucho tiempo hablando de enemigos del arte. No usan la palabra "enemigo", pero constantemente hablan de adversarios que bloquean maliciosamente el camino de tu grupo a sus merecidas recompensas. Estos enemigos parecen cada vez más amenazantes, así que decides quedarte con el grupo. Ello te drena la energía que tienes para satisfacer tus necesidades, pero no ves otra alternativa.

Cada persona en una alianza social trae expectativas de su propia experiencia pasada. Es difícil mantener la confianza mutua cuando cada persona tiene expectativas diferentes que nadie está al tanto. Cuando entiendes tus propias expectativas sobre el apoyo social, puedes ver cómo estás filtrando el mundo. A continuación, puedes encontrar alternativas y construir expectativas más realistas. Puedes disfrutar de más oxitocina en el mundo tal como está en lugar de sentirte impotente mientras esperas un mundo ideal.

Puedes descubrir tus propios circuitos de oxitocina explorando tu experiencia temprana con apoyo social. Verás cómo tu sentido de confianza hoy se ajusta a los patrones de confianza que experimentaste en el pasado. Verás cómo tus decepciones de hoy encajan con tus decepciones pasadas. El día 12, aprenderás a ajustar estos circuitos.

Es difícil pensar en tu oxitocina temprana porque desencadena la vulnerabilidad de la juventud. Evitamos pensamientos vulnerables porque el cortisol nos dice que los evitemos. Pero con la práctica, aprenderás a separar tu realidad actual de tus primeros circuitos. Sabrás que el cortisol es sólo un químico que eliminas en una hora, no una evidencia de una amenaza real. Puedes crear nuevas expectativas sobre el apoyo social en lugar de ejecutarse con expectativas creadas por accidentes de experiencia pasada. Puedes encontrar apoyo social de nuevas maneras y disfrutar de la oxitocina.

HAZ QUE SUCEDA

Completa estos ejercicios para reconocer el poder de tus antiguas rutas de oxitocina.

o Observa un momento en el que te sientas aceptado o apoyado. ¿Qué experiencia en tu pasado se ajusta al mismo patrón básico?

_____

_____

_____

o Fíjate en algo que haces porque te ayuda a obtener apoyo o aceptación. ¿Qué comportamientos similares puedes recordar en tus primeros años de vida?

_____

_____

_____

- Observa un momento en el que temes ser rechazado, aislado o ignorado. Busca experiencias tempranas que se ajusten al mismo patrón básico.

_____

_____

_____

TU PASADO DE SEROTONINA

Hoy:
- identificarás la atención y el reconocimiento que recibiste en tus primeros años
- notarás cómo buscas importancia social hoy en día y encuentras patrones pasados que se ajusten
- notarás tu deseo de repetir comportamientos que te hicieron sentir especial en tu pasado

A nadie le gusta admitir que quiere ser especial, pero hemos heredado un cerebro que busca la especialidad como si tu vida dependiera de ello. El deseo de reconocimiento está ampliamente condenado, por lo que tendemos a negar estos sentimientos. ¡Eso te coloca en una posición de superior! Por ejemplo, puedes creer que eres menos envidioso y egoísta que los demás. Esto te permite disfrutar de un sentido de superioridad mientras preserva la creencia de que no te importa la superioridad. Todos anhelamos el poder social a pesar de nuestras mejores intenciones porque la serotonina hace que te sientas bien. La serotonina pronto se metaboliza, por lo que tenemos que encontrar más especialidad para seguir sintiendo. ¡No es de extrañar que el mundo esté lleno de "ego"!

Cuando no consigues el reconocimiento que anhelas, tu cerebro mamífero piensa que estás en la posición inferior. El cortisol hace que lo sientas como una amenaza de supervivencia, incluso cuando estás perfectamente a salvo. Saber esto puede liberarte de ese sentido de amenaza. La gestión del cortisol es el tema de la lección de mañana. Hoy nos centraremos en los caminos que te dicen cómo compararte con los demás y decidir quién está en la cima.

Lo que te hizo sentir especial en el pasado construyó caminos que te dicen dónde esperar la buena sensación hoy. Repites comportamientos que te hicieron especial en tu pasado incluso si no son buenos para ti. Una vez que notes estos patrones, puedes ofrecer a tu mamífero interior formas más sostenibles de sentirse.

Es tentador culpar al mundo por no darte la especialidad que te mereces. Es tentador condenar a los demás por infravalorarte. Parece que ellos son los que deberían cambiar.

Pero no somos jueces objetivos del mundo que nos rodea. Lo vemos a través de la lente de rutas neuronales diseñadas para satisfacer nuestras necesidades. Cuando entiendes tu anhelo natural de importancia social, puedes manejarlo mejor que otros. (¡Eso fue un llamamiento desvergonzado a tu impulso para ser superior!)

Es difícil ser verdadero acerca de tus rutas de serotonina porque provoca decepción. Tu mamífero interior siempre está haciendo la danza de comparación social. Sigue comparándote con los demás, y se acerca a tus debilidades. Te pones por debajo de los demás, y si no sabes cómo lo estás haciendo, crees que ellos te están bajando.

¿Por qué nos pondríamos en la posición inferior cuando anhelamos la posición superior? Aprendemos esto de los demás, y ellos lo aprenden porque promueve la supervivencia en el estado de la naturaleza. El cerebro mamífero siempre está buscando maneras de sentirse bien. Rebajarte te ayuda a sentirte bien cuando recibes una recompensa o alivia una amenaza. Es posible que hayas recibido elogios al rebajarte, o te libraste de una amenaza planteada por un individuo más fuerte. Es posible que hayas imitado a alguien que buscó elogios o protección actuando en una posición inferior. Puedes terminar pensando que la forma de ser único es rebajarte. Aún quieres ser superior, pero tu cerebro verbal no lo sabe.

Veamos cómo funciona esto en la infancia cuando se construyen los caminos centrales. Los niños buscan la posición elevada de cualquier manera que funcione. Cuando obtienen un momento de poder, la serotonina hace que se sientan bien y los motiva a hacerlo de nuevo. El drama juvenil es difícil de recordar con tu cerebro verbal porque nunca lo pensaste con palabras. Ayuda recordar a los pequeños monos luchando y cableándose para evaluar su fuerza relativa sin lenguaje.

Cuando eras joven, te mediste contra los demás y sacaste conclusiones sin tener la intención consciente de hacerlo. La fuerza física es menos importante en el mundo moderno, y centrarse en ella puede dañar tu posición social. Aprendiste otras habilidades para obtener reconocimiento, y tus neuronas se conectaron cuando algo funcionó. Construiste caminos que te dicen cómo te comparas con los demás.

En el mundo animal, la capacidad de infligir dolor es a menudo la clave del poder social. Los humanos modernos evitan este enfoque, pero muchas personas vivas hoy en día recuerdan haber sido golpeadas cuando eran niños. Incluso las escuelas usaron tal "herramienta de enseñanza". Y las viejas películas nos recuerdan una época en la que los jóvenes demostraron su importancia con peleas a puñetazos. Afortunadamente, las cosas han cambiado, pero cada generación debe cablearse para redirigir ese impulso natural. Si las rabietas de un niño pequeño reciben recompensas, el niño se conecta para esperar recompensas de las rabietas. Se convierten en un pequeño caniche que ladra a los perros grandes. En el estado de la naturaleza, los pequeños perros construirían expectativas realistas para evitar el dolor, pero en el mundo moderno de la sobreprotección, una persona puede alcanzar la edad adulta sin habilidades realistas de autogestión.

Tu cerebro mamífero siempre está juzgando tu fuerza relativa y buscando la próxima oportunidad de ser superior. Cuando recibiste el reconocimiento en la juventud, la serotonina hizo que el mundo se viera bien, y pavimentó el momento glorioso en tus neuronas. Eso te facilitó esperar reconocimiento cuando empleaste comportamientos similares. Pero no siempre funcionó. A veces no lograste el reconocimiento que esperabas. El cortisol creó un sentimiento que podría llamarse fracaso, vergüenza o decepción, y te conectó para evitar dolor similar en el futuro.

Sentirse inferior confunde a los adultos, por lo que es aún más difícil para los niños. El cerebro verbal entra en acción, y contribuye con su explicación del mal sentimiento cuando la búsqueda de serotonina falla. El cerebro joven piensa que el próximo momento de reconocimiento es la clave de la felicidad.

Los niños escuchan mucho sobre la comparación social de sus padres. Con las neuronas espejo, los niños reflejan el anhelo de reconocimiento de sus padres y reaccionan cuando los padres se sienten decaídos. Tus padres ofrecen explicaciones de estos sentimientos con su cerebro verbal, y esas explicaciones forman parte de tu experiencia repetida. Tú puedes decidir no pensar como ellos, pero si buscas patrones similares, encontrarás paralelismos sorprendentes. El punto no es culpar a tus padres, sino saber cómo creamos nuestras emociones.

La gran corteza humana trata de ayudar a tu mamífero interno a encontrar una manera de sentirse bien. Una forma de hacerlo es encontrar "evidencia" de que tú mereces la posición elevada y te ves injustamente privada de ella. Hay infinitas maneras de hacer esto, pero lo que escuchas repetidamente de los demás construyen caminos que los hacen parecer verdaderos. Te cuesta verlo de manera diferente porque tu electricidad no fluye fácilmente por nuevos caminos.

Como adultos, reempaquetamos los impulsos de comparación social que aprendimos en la juventud. Podrías pensar que eres mejor conductor que otros y burlarte de los conductores que ves en la carretera. Podrías burlarte de la gente en las noticias y decidir que tú eres un mejor ser humano. Podrías enorgullecerte de tu acceso a buenas drogas. Puedes decirte a ti mismo que eres mejor hijo o hija que tus hermanos. Puedes pensar que tienes más suerte que otros, o más santo, o más inteligente, o más compasivo. Cada cerebro busca una manera de ser especial, y lo sigue buscando siempre.

Algunos hábitos de ponerse más arriba no son sostenibles. Te lastimarán a largo plazo, pero los repites porque te hacen sentir bien de manera inmediata. Molestar a tu jefe o pareja es un ejemplo común. Obtienes la posición dominante en ese momento, pero puede perjudicarte en el futuro. Quizás pienses que no tienes otra opción cuando repites estos comportamientos. Para entender cómo estamos eligiendo, miremos más de cerca el cableado de los niños.

Los niños a menudo son recompensados por su mal comportamiento, y por lo tanto se conectan para repetir el comportamiento. Un ejemplo común es el ser negativo. Un niño puede obtener poder o atención cuando es negativo, y la serotonina hace que se sienta bien. Cuando la serotonina se ha ido, otro comportamiento de oposición viene a la mente porque el camino está allí.

Otro camino insostenible hacia la importancia social es ser débil e indefenso. Otros se apresuran a apoyarte, así que te sientes especial por un momento. Cuando la buena sensación pasa, puedes obtener más de ella haciendo saber a los demás lo débil que eres de nuevo. No piensas ser especial siendo opositor o indefenso, así que te lo explicas de otras maneras.

Explicar la búsqueda de dominio del cerebro de mamífero es un desafió para la corteza humana. Por eso tenemos tantas palabras para este sentimiento. Lo llamamos: orgullo, estatus, confianza en sí mismo, ego, gloria, dominio, poder, honor, dignidad, autoestima, prestigio, prominencia, exclusividad, importancia social, reconocimiento, respeto, aprobación, arrogancia, asertividad, auto-engrandecimiento, influencia, manipulación, competitividad, fama, salir adelante, auto justificación, ser especial, ser un ganador, sentirse superior, tener clase, salvar el pellejo.

Cuando tú o tus amigos buscan una posición superior, encuentras palabras que parecen honorables e inteligentes. Cuando gente que no te gusta busca la posición elevada, encuentras palabras que las hacen parecer poco  éticas y estúpidas. No hay una manera correcta de buscar serotonina. Es un reto para todos.

Para complicar aún más las cosas, el cerebro se habitúa a lo que tienes, por lo que siempre sientes que tienes que hacer más para tener la sensación de serotonina. Tienes que ser más brillante o virtuoso, o más opositor o indefenso, o cualquier estrategia que hayas aprendido. Es agotador. Por esta razón, muchas personas deciden especializarse. Se esfuerzan por ser muy buenos en una cosa, por lo que siempre tienen una manera confiable de sentirse únicos. Pero se acostumbran a los aplausos que tienen, así que siguen sintiendo que tienen que superarse a sí mismos. Y no saben cómo crean este sentimiento de estar en una caminadora, así que culpan a la sociedad por su caminadora.

Algunas personas hacen lo contrario de especializarse. Quieren ser los mejores en todo. Tienen que ser únicos todo el tiempo. Se esfuerzan por ser la belleza de cada baile y el centro de cada etapa. Nunca dejan de buscar oportunidades para ser importantes. Tan pronto como su serotonina se detiene, se sienten uno abajo. El cortisol ataca, y no saben cómo manejarlo excepto con más superioridad. Es fácil criticar esta mentalidad en los demás, pero es útil notar tu propio miedo a la posición de ser inferior y las cosas que haces para escapar de ella.

Tú puedes sentirte ridículo cuando notas tus propios hábitos de serotonina. Es comprensible si prefieres no pensar en ello. Así que volvamos a la búsqueda de serotonina de niños inocentes. Imagínate a dos niños peleando por una galleta. Sin la intervención de los adultos, el niño más fuerte recibe la galleta. Cada cerebro aprende de esa experiencia, pero la lección aprendida depende de las otras entradas de ese niño. Exploremos las posibilidades.

El chico que pierde la galleta puede sentirse débil y acosado en ese momento, pero eso puede ir en diferentes direcciones:

• Podría dejar de afirmarse porque espera perder, o podría hacer lo contrario: construir la fuerza para ganar la próxima vez. Y si gana, eso podría conducir a la confianza en sí mismo, pero también podría conducir a una mentalidad de intimidación: "yo primero".

• Puede buscar apoyo de terceros. Eso puede ir en diferentes direcciones también. El niño podría aprender a hacer apelaciones articuladas para el apoyo, pero también podría aprender a hacer acusaciones estridentes que son recompensadas con el dominio social.

• Podría ignorar a su torturador y buscar amigos en otro lugar, terminando con fuertes habilidades sociales y un amplio respeto en su comunidad.

Ahora tomemos la perspectiva del niño que agarró la galleta. Eso también puede ir de muchas maneras.

• El niño puede aprender a sentirse seguro.

- El niño puede aprender a confiar excesivamente en la fuerza física y no construir otras fortalezas. Su acoso recibe una mala reacción de los demás, pero no entiende por qué. Responde al rechazo con más intimidación, y termina sintiéndose sumamente rechazado.
- El niño nota la angustia que causa y devuelve la galleta. Puede aprender a ser un buen líder que combina fuerza con empatía. Pero otra posibilidad es que aprenda a que puede salirse con la suya.

Usted puede pensar que los que agarran galletas disfrutan de la serotonina sin esfuerzo mientras que los perdedores de galletas sufren sin fin. Pero nuestras respuestas emocionales son redes construidas a partir de un montón de experiencia repetida en nuestros años de mielina. No recuerdas los pequeños conflictos de galletas en tu pasado, pero dieron forma a tus sentimientos adultos sobre las recompensas. Puedes encontrar los patrones en tus sentimientos sobre el poder social si los observas cuidadosamente.

Al meditar sobre estas experiencias, observa cómo funcionan juntos los químicos felices.

La dopamina y la serotonina funcionan juntos cuando se ve la oportunidad de "hacerlo en grande." La dopamina te recompensa por dar pasos hacia la serotonina.

La oxitocina y la serotonina también trabajan juntas. La oxitocina puede motivarte a unirte a un grupo, mientras que la serotonina te motiva a ascender en el grupo. Ambas sustancias químicas se estimulan cuando se unen al esfuerzo de un grupo para elevarse. ¡No es de extrañar que este comportamiento sea tan popular!

A veces, los químicos de la felicidad entran en conflicto entre sí en lugar de trabajar juntos. Podrías perder oxitocina si tomas medidas para "ser grande" y tus camaradas temen quedarse atrás. Es posible que pierdas dopamina si tus fantasías grandiosas no son realistas entonces nunca estarás cerca. Resultado de compensaciones dolorosas. Cuando te das cuenta de tus viejos caminos, puedes reexaminar estas compensaciones en lugar de simplemente repetirlas.

El impulso de la serotonina es tan frustrante que puedes prometer dejar de compararse con los demás. Pero probablemente te seguirás comparando de todos modos. Podrías colarte insistiendo en que estás demasiado "iluminado" o "despierto" para preocuparte por la comparación social. Eso te da un momento de superioridad, que te distrae de tus sentimientos de inferioridad. Pero pronto verás que la gente menos "iluminado" o "despierto" recibe recompensas que no tienes. Una mala sensación se enciende y tu cerebro verbal intenta explicarlo. Fácilmente fluyes hacia la idea de que tienes razón y algo está mal con el mundo. Por lo tanto, se obtiene otro momento de superioridad que no es sostenible.

Es mejor reconocer tus circuitos de comparación social y tu poder para redirigirlos. Dejarás de sentirte juzgado porque sabrás cómo tu propia mente hace el juicio. Eso hace que sea más fácil relajarse.

HAZ QUE SUCEDA

Completa estos ejercicios para entender tus viejas rutas de serotonina.

o **Observa un momento en el que te sientes importante o especial. ¿Qué experiencia en tu pasado se ajusta al mismo patrón básico?**

_____

_____

- Fíjate en un momento en el que te sientes inferior. ¿Qué haces para sentirte mejor? ¿Cómo hiciste lo mismo en tu pasado?

_____

_____

_____

- Piensa en un momento de gloria en tu juventud. ¿Cómo encajan tus motivaciones hoy en día en ese patrón general?

_____

_____

_____

TU PASADO DE CORTISOL

Hoy:
- notarás cuando te enojas y encontrarás los mismos patrones en tu experiencia temprana
- identificarás los momentos de cortisol de tu pasado y observarás tu miedo de tales cosas hoy
- te darás cuenta de las cosas que haces para aliviar el cortisol y cómo las hiciste en tu juventud

El cortisol te hace sentir que vas a morir si no actúas rápido para que se detenga. Hemos visto que la decepción desencadena el cortisol, por lo que te sientes como si tu supervivencia estuviera amenazada cuando no obtienes lo que quieres. Hemos visto que el cerebro mamífero no puede explicarse con palabras, por lo que el cerebro verbal construye "buenas razones" para sus sentimientos amenazados. Y hemos visto que lo que alivia tu cortisol se siente como un salvavidas, así que estás ansioso por repetirlo. Podrás crear nuevos caminos para sentir alivio cuando entiendas tus circuitos de cortisol.

¿Cómo sabes salvarte de una amenaza? Un cerebro pequeño decide de maneras simples, pero un cerebro grande lo hace complicado. Una gacela siente alivio cuando escapa del olor, el sonido y la vista de un depredador, a pesar de que todavía vive en un mundo lleno de depredadores. Pero un gran cerebro sabe que las amenazas todavía están ahí, incluso cuando están fuera del alcance de tus sentidos. Un cerebro grande tiene problemas para sentirse seguro porque es muy bueno para construir imágenes internas de amenazas. Por eso buscas cualquier cosa que alivió el estrés en tu pasado, aunque hoy no tenga sentido lógico. Buscas cualquier cosa que haya cambiado un mal sentimiento por una buena sensación.

Aquí hay un ejemplo simple. Imagina que eres un adolescente en una fiesta y quieres hablar con alguien especial. Tu cortisol surge cuando piensas en charlar con el/la enamorado/a. Desencadena un verdadero terror físico de la cabeza a los pies. Alguien te ofrece una copa en este momento y aceptas por primera vez. ¡Entonces te acercas al objeto de tu deseo, y funciona! ¡Les gustas! No crees conscientemente que la bebida hizo que les gustaras, pero tu cerebro conecta todas las neuronas activas en ese momento. La próxima vez que tengas miedo de hablar con alguien, la idea del alcohol aparece en tu cabeza. Esperas que cambie la mala sensación a una buena sensación porque realmente has experimentado esto. Cada bebida fortalece el camino. Y cada vez que confías en esta estrategia de alivio de cortisol, no construyes otras.

Es posible que no recuerdes el primer momento en que aprendiste tu estrategia de alivio favorita. Pero

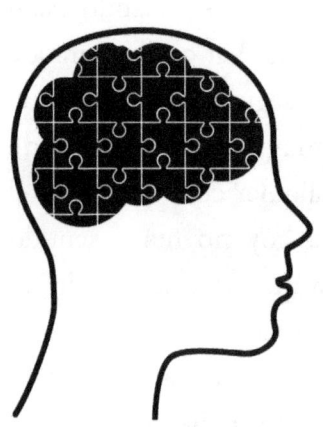

si jalas de los hilos de tu memoria, probablemente puedas desentrañarlos. Verás patrones en tu angustia, y en tus estrategias para aliviarla. Puede ser un comportamiento, una actividad o un ciclo de pensamiento.

Estos patrones son difíciles de ver con tu cerebro lógico porque no son lógicos. Aquí un ejemplo dramático. Una adolescente tuvo un accidente automovilístico que mató a sus amigos y la dejó en coma. Se despertó sin recordar el accidente, pero comenzó a tener ataques de pánico cada vez que escuchaba risas. Parece que se estaba riendo en la parte trasera del auto en el momento del accidente. Su cerebro conectó el dolor del impacto con el sonido de la risa. Ahora, trató de advertirle que algo horrible estaba a punto de suceder cuando escucha risas. No pensó conscientemente que reírse causa accidentes automovilísticos. Pero el gran dolor construye grandes caminos, que encienden una gran sensación química de amenaza.

La chica se retiró del mundo porque temía oír risas. Pero con ayuda, le enseñó a su cerebro que en realidad no mueres cuando el cortisol te hace sentir así. El adolescente con el hábito del alcohol le enseñó a su cerebro que en realidad no mueres cuando los miedos sociales desencadenan el cortisol. Puedes enseñar a tu cerebro que en realidad no mueres cuando te apartas de tu vieja estrategia para calmarte. Puedes aprender a notar tu alarma de emergencia interna sin precipitarte a tu vieja estrategia de socorro. Al principio, puede parecer que morirás si no haces algo cuando la sensación de "haz algo!" se enciende. Pero puedes construir una nueva ruta si alimentas tu cerebro repetidamente con una nueva experiencia.

El primer paso es reconocer el sentimiento como un viejo camino del cortisol en lugar de un hecho real de ese momento. A continuación, puedes encontrar una manera sostenible de calmarte mientras tu cuerpo está eliminando el cortisol. Por último, puedes abordar el problema subyacente, si lo hay, en lugar de distraerte de él. Echemos un vistazo más de cerca a estos pasos.

La búsqueda de viejos caminos de cortisol a menudo conduce a la palabra "trauma". Pero tu objetivo no es etiquetarte como "traumatizado". Tu objetivo es ver cómo tu cortisol proviene de viejos caminos en lugar de nuevas amenazas. Esto es difícil de hacer porque estamos diseñados para honrar nuestro propio sistema de alarma. Confías en tu propio cortisol porque te ha protegido de estufas calientes y accidentes de auto durante años. Esperas que también te proteja de las amenazas sociales. Así que cuando detectas un olor a cortisol, quieres hacer lo que sea para que se detenga. En ese momento, tú puedes estar listo con una nueva herramienta auto-calmante en lugar de apresurarte hacia un hábito insostenible. ¿Pero cómo hacerlo?

Es difícil empezar porque una nueva herramienta no promete alivio instantáneo como lo hizo la vieja. Tu viejo hábito de calmarte ya estaba conectado a expectativas positivas, así que empezaste a sentirte bien tan pronto como lo pensaste. Afortunadamente, puedes crear expectativas positivas para una nueva herramienta auto-calmante con la repetición. No hay una herramienta perfecta para todos. Cada uno tiene que crear el hábito auto-calmante que funciona por si mismo. El hábito adecuado puede distraerte de pensamientos amenazantes sin consecuencias dañinas a largo plazo. Todos podemos beneficiarnos de probar nuevos hábitos auto-calmantes. Exploremos algunas opciones.

Un paseo por el parque es un recurso del que oímos hablar mucho, pero si te pasas el paseo discutiendo en tu cabeza con gente que te molesta, sólo lograrás desencadenar más cortisol. El yoga a menudo se recomienda como auto-calmante, pero si pasas tu tiempo de yoga frustrado con tu cuerpo, solo desencadenarás más cortisol. Leer y ver películas son técnicas populares de auto calmarse, pero si eliges historias estresantes, terminas

con más cortisol. Preparar alimentos saludables es otro calmante bien conocido, pero si pasas el tiempo preocupándote por las toxinas en los alimentos, no es calmante.

Tu objetivo es encontrar una actividad que realmente disfrutes que no tenga consecuencias dañinas. Las actividades que usan tu mente y cuerpo juntos son buenas para distraerte de pensamientos negativos mientras tu cuerpo elimina el cortisol. Hacer artesanías, cocinar, la jardinería y tocar un instrumento musical son buenos ejemplos. También podrías caminar en el parque o hacer yoga si aprendes a mantener tu mente fuera del territorio negativo mientras lo haces. Yo escucho un audiolibro durante mi caminata, y elijo cuidadosamente algo positivo. Los videojuegos y rompecabezas de palabras funcionan para muchas personas, pero no usan mucho tu cuerpo, por lo que pueden crear tensión. Experimenta con nuevos auto-calmantes cuando estés de buen humor para que estén listos para ti cuando estés de mal humor. Pronto, construirás un camino que fluya fácilmente a la nueva actividad. Te sentirás normal, por lo que el viejo hábito insostenible será menos atractivo.

La distracción no es tu objetivo final, por supuesto. Es sólo una herramienta para bajar el cortisol para que puedas dar tu siguiente paso. Tu objetivo es activar productos químicos felices de maneras sostenibles y dejar de activar los insostenibles. Afortunadamente, activarás los químicos de la felicidad cuando te acerques hacia soluciones al problema que desencadenó tu cortisol. ¡Así es como funciona nuestro cerebro!

No siempre sabes lo que desencadenó el cortisol, y a veces no hay ningún problema. Parece que sí porque tu cerebro vio señales que coincidían con una amenaza de su pasado. Este es un ejemplo personal. Cuando yo era una niña, mi madre entraba en cólera si derramaba una bebida. No quería ser una persona que se enfurecía por la leche derramada, así que trabajé en la construcción de nuevas respuestas. Pero un día, derramé un trago y me  salió un grito de la boca. No era un grito de ira, era el grito de un niño temeroso. Ni siquiera me di cuenta de que gritaba, pero mis hijos se dieron cuenta. No habían oído ese ruido salir de mí antes, así que les sorprendió. Me sorprendió que se sorprendieran, porque el ruido era muy pequeño en comparación con lo que crecí. Verlo a través de sus ojos me ayudó a entender el poder de los viejos caminos.

A medida que crecía mi conocimiento del cerebro, me interesé por los viejos caminos de mi madre. Cuando era joven, a su familia le faltaba dinero para comer, así que la leche derramada significaba hambre real. Para empeorar las cosas, mi madre era responsable de alimentar a sus hermanas menores cuando era bastante joven. De repente, comprendí la angustia que creó sus circuitos de cortisol.

Ya sea que tu cortisol sea una falsa alarma o una amenaza real, puedes sentirse bien dando un paso hacia satisfacer tus necesidades. Pero tienes que entender tus necesidades para hacer eso. Si te enfrentas a una amenaza real, debes centrarte en ella y tomar medidas para aliviarla. Los buenos sentimientos fluirán una vez que empieces a tomar medidas. Si tu sentimiento de angustia es sólo una respuesta antigua, necesitas dar a tu cuerpo unos minutos para eliminar el producto químico y pues diseñar un paso para satisfacer una necesidad no satisfecha.

Es posible que dudes en dar un paso porque no sabes lo que funcionará. Tal vez tengas miedo de dar un paso equivocado porque los pasos pasados fallaron. Pero si no das un paso, no estimularás los productos químicos felices. Así que elige tu mejor paso con el conocimiento de que el fracaso es sólo cortisol que puedes aliviar eligiendo tu siguiente mejor paso.

Tomas mejores decisiones cuando reconoces tus viejos patrones de cortisol. Muestran cómo estabas filtrando los hechos, lo que te libera para encontrar nuevas perspectivas. Tus caminos de cortisol fueron construidos cuando eras un niño impotente, así que tus opciones eran limitadas. Si te arrancas las gafas de cortisol, puedes reexaminar los hechos desde la perspectiva de la fuerza adulta en lugar de la debilidad de la infancia. Puede que no te sientas fuerte. Puede que no pienses que tienes opciones. Pero puedes encontrar los circuitos de cortisol que crean estos pensamientos y ver cómo es el mundo sin ellos.

Siempre tendrás amenazas que manejar porque tu cerebro mamífero ve a cada obstáculo en tu camino como una amenaza. Siempre buscarás amenazas porque así es como nuestro cerebro promueve la supervivencia. Pero puedes aprender a centrarte en tu siguiente paso y disfrutar de los químicos de la felicidad. Una gacela sobrevive centrándose en el camino frente a ella en lugar de en el león. Te sentirás bien cuando te centres en el camino frente a ti.

Una gacela nunca está completamente segura porque siempre vive en un mundo lleno de depredadores. Pero una gacela no está "traumatizada". Tiene confianza en su siguiente paso. Una gacela no puede esperar a un mundo perfecto antes de salir a satisfacer sus necesidades. Confía en su capacidad para gestionar lo que venga. Tú puedes hacer lo mismo. Puedes perder tu trabajo, tu pareja puede dejarte, y los eventos mundíales pueden afectarte de maneras inesperadas. Pase lo que pase, tendrás sufrimiento sin fin si fluyes hacia los viejos caminos de cortisol. Pero tienes el poder de cambiar de rumbo con tu herramienta auto-calmante y tu siguiente paso.

HAZ QUE SUCEDA

Complete estos ejercicios para comprender el poder de tus antiguas rutas de cortisol.

o **Piensa en tres malos momentos de tu juventud. Ahora mira tu dolor actual y observa cómo se superponen los patrones.**

_____

_____

o ¿Qué hiciste para aliviar un mal presentimiento cuando eras joven? ¿Qué hicieron los que te rodean? ¿Cómo te sientes hoy con respecto a esos comportamientos y patrones de pensamiento?

___

___

___

o Piensa en algo que odies y desees evitar con urgencia. ¿Puedes encontrar la experiencia inicial que coincida con ese impulso?

___

___

___

TU FUTURO DE DOPAMINA

Hoy, vas a:
o explorar nuevos caminos hacia la dopamina
o diseñar un nuevo hábito para liberar dopamina
o construir un nuevo hábito con un plan para repetir un nuevo pensamiento o acción

Puedes disfrutar de la emoción que genera la dopamina concentrándote en lo que puedes hacer en vez de lo que no puedes hacer.

Un pequeño paso hacia una posible recompensa es suficiente para desencadenar la alegría que provoca la dopamina. Solo obtienes un poco, y desaparece pronto, pero puedes activar más dando otro paso. Cada paso aumenta el camino que espera más recompensas de esa acción. Una recompensa es cualquier cosa que satisfaga una necesidad. Tú defines las recompensas según tus aprendizajes previos, pero puedes construir nuevos caminos para disfrutar de nuevas recompensas.

La dopamina evolucionó para ayudarnos a perseguir recompensas en cimas altas en lugar de limitarnos a las recompensas en pequeñas colinas. Entonces, elijes una meta que no te perjudique a largo plazo y da el primer paso.

Debes verte acercándote a la meta para activar la dopamina. Por ejemplo, imagina que estás escalando una montaña, pero no puedes ver el pico debido a las nubes. Sin embargo, aun así liberas dopamina porque confías en que tus pasos te llevan cada vez más cerca.

Las expectativas realistas son importantes. Si tus expectativas son demasiado altas, no te verás a ti mismo acercándote a la recompensa, por lo tanto, no se activará la dopamina. Las bajas expectativas también son un problema porque tu cerebro se habitúa a lo que tienes. Escalar la misma montaña todos los días no desencadena dopamina. Busca formas de satisfacer una necesidad no satisfecha con pasos que realmente puedas seguir. Construye sobre los caminos que ya tienes, en lugar de esperar ser una persona completamente diferente.

Puedes sentir que te falta un mapa vial cuando intentas establecer un nuevo hábito, pero el conocimiento de tu cerebro es el mapa. Te ayuda a:

- Escoger una recompensa que sea relevante para tus necesidades de supervivencia porque eso es lo que te estimula la dopamina.
- Dividir un gran objetivo en partes pequeñas para que siempre puedas verte progresando.
- Darte una recompensa inmediata por esos primeros pasos hacia una meta distante.

Miremos más de cerca estas estrategias.

Primero, recuerda la definición de recompensa para tu cerebro mamífero: cualquier cosa que haya desencadenado sustancias químicas felices en el pasado. Parece un razonamiento sin salida? Parece arriesgado también, por que tus momentos felices pasados no son una guía fiable para lo que es bueno para tu futuro. Por eso es difícil para todos. Pero puedes explorar nuevas formas de satisfacer las necesidades físicas o sociales que eviten consecuencias dañinas. He aquí un ejemplo sencillo.

Un hombre al que llamaremos "Joe" amaba las carreras de motos. Las carreras le dieron una habilidad de la que estaba orgulloso (serotonina), con camaradería (oxitocina), y nuevas metas por alcanzar (dopamina). Cada vez que se sentía mal, Joe embezaba a entrenar para otra carrera. Esto funcionó hasta que se lesionó la cabeza. Luego tuvo que detenerse. Ahora, siente que lo ha perdido todo. Joe desearía tener una nueva pasión, pero también sabe que una pasión no se puede fingir.

Joe resuelve su problema pensando en términos relacionados con la dopamina, serotonina y oxitocina. Entonces busca una actividad que le brinde apoyo social, reconocimiento social y una nueva meta realista. Nada lo hace realmente sentirse cómodo y por eso decide probar muchas actividades diferentes. Al principio, nada lo emociona. Pero se sorprende al encontrar dos actividades separadas que satisfacen dos necesidades diferentes: una le da orgullo y otra le trae amistad. Ambas activan su dopamina. Con el tiempo, las recompensas de Joe se multiplican porque la actividad del orgullo conduce a nuevos lazos sociales, y la actividad de apoyo social conduce a una nueva habilidad de la que está orgulloso. ¡Así que termina con dos nuevas pasiones que satisfacen sus necesidades! Cada vez que practica ambas actividades, el camino se construye y poco a poco comienza a sentirse "normal".

Por supuesto, se necesitan más que pasatiempos para satisfacer tus necesidades. A menudo, se siente como si una gran montaña estuviera bloqueando el camino para satisfacer tus necesidades. No ves cómo puedes escalar la montaña con las habilidades que tienes. Pero si divides los grandes desafíos en partes más pequeñas, puedes seguir adelante y disfrutar de la dopamina. Veamos cómo funcionó para una mujer a la que llamaremos "Jo".

Jo odia su trabajo. No ve cómo puede conseguir un mejor trabajo y se siente estancada. Pasa mucho tiempo quejándose, con lo que construye un camino de cortisol. Luego aprende sobre su cerebro y se da cuenta que puede alcanzar grandes metas en pequeños pasos y sentirse bien en el camino. Entonces ella diseña un plan para encontrar un nuevo trabajo en pequeños pasos. Lo hace realista al enfocarse en los pasos que están dentro de su control en lugar de en cosas fuera de su control.

Jo decide comenzar su plan recopilando información sobre las habilidades profesionales. Establece la meta de entrevistar a una persona al día sobre sus habilidades durante dos semanas. Luego, planea desarrollar sus habilidades laborales con cursos en línea y se fija una meta de una hora por noche para realizarlos durante tres meses. Después de eso, se compromete a pasar me Día hora por noche solicitando nuevos trabajos, durante el tiempo que sea necesario.

Jo se sintió muy bien al crear este plan, y le sorprende gratamente al tener esa nueva ilusión. Su dopamina fluyó porque comenzó a esperar la forma en la que iba a alcanzar su recompensa. En el pasado, fue minada por cortisol debido a los caminos tallados por sus decepciones anteriores. Ella cambió eso diseñando pasos que podía tomar. Cada vez que alcanzaba su objetivo diario, se estimulaba más dopamina. Se vio a sí misma acercándose a la meta y construyó un camino que anticipaba el éxito en vez del fracaso.

Es difícil empezar cuando el objetivo parece lejano. Para hacerlo más fácil, planifica una recompensa inmediata cada vez que das un paso hacia tu meta. Esto entrena a tu cerebro para que se sienta bien en un camino en el que no se sentirá realmente bien hasta alcanzar el futuro. Puedes encontrar recompensas inmediatas saludables si miras más allá de los viejos hábitos. Veinte minutos de "tiempo para mí" para una actividad deseada es una gran recompensa. Una vez me recompensé viendo veinte minutos de una telenovela española que tenía setenta episodios de una hora cada uno. Cumplí mis tareas porque quería ver mi programa. ¡Y además, mi español también mejoró!

Otra recompensa saludable es el acto de buscar o investigar. Nuestro cerebro evolucionó para buscar, por lo que sentimos la emoción de la dopamina cada vez que buscamos algo nuevo. Ir a un museo o caminar por el bosque activa su sistema de búsqueda natural. La búsqueda de nueva música, recetas o conocimientos estimula la dopamina. (¡Por eso no es raro que navegar por Internet sea tan popular!) Ir de compras también es una forma de búsqueda, pero no es muy sostenible. Es mejor que comprendas el impulso y encuentres otra forma de buscar.

Puedes utilizar las recompensas que brindan los alimentos de una manera saludable. Cocina un delicioso manjar con ingredientes saludables y congélalo en trozos pequeños. Disfruta de un trozo después de alcanzar tu objetivo diario. ¡Y no lo comas a menos que alcances ese objetivo!

La variedad hace que tu recompensa sea más gratificante, así que experimenta con nuevas formas de darte caprichos.

La repetición creará un camino hacia la dopamina, por lo que esperarás sentirte bien cuando tomes medidas para satisfacer tus necesidades. Así, construirás una nueva sensación de bienestar.

Por supuesto que habrá obstáculos, contratiempos y decepciones. Por eso es bueno establecer tres metas: una meta a largo plazo, a corto plazo y a mediano plazo. De esta forma, cuando un camino  esté bloqueado, puedes concentrarte en otro. Siempre tendrás una forma de dar un paso adelante y estimular la dopamina. Siempre diseña una meta que puedas alcanzar al final del día.

Puedes rechazar este plan y decirte a ti mismo que no funcionará. Las decepciones o frustraciones pasadas hacen que sea fácil pensar así, pero también puedes manejar ese cortisol con las habilidades que aprendiste ayer.

Otro motivo para descartar este plan es la mala imagen de la dopamina. Escuchamos mucho sobre su papel en la adicción, ya sea por abuso de sustancias, adicción a las redes sociales, o comportamientos compulsivos. Rara vez escuchamos sobre la función saludable de la dopamina. Por lo tanto, llegamos a asociar la dopamina con un comportamiento indeseable y pasamos por alto su poder motivador en la vida diaria.

Otra razón más para rechazar un nuevo camino hacia la dopamina es el miedo a perder tu fuente confiable de serotonina. Por ejemplo, cuando pruebas un nuevo deporte o cocinas un nuevo plato, es posible que no seas "bueno en eso". Por tanto, temes perder tu antiguo camino hacia el estatus cuando te embarcas en un nuevo camino hacia la dopamina.

También puedes tener miedo de arriesgar tu camino confiable hacia la oxitocina. Cuando pruebas una nueva actividad, puedes perder a los amigos relacionados a una actividad anterior. Y si obtuviste recompensas con un grupo en el pasado, la idea de trazar tu propio camino puede parecer un riesgo. Inclusive te puede parecer "egoísta" 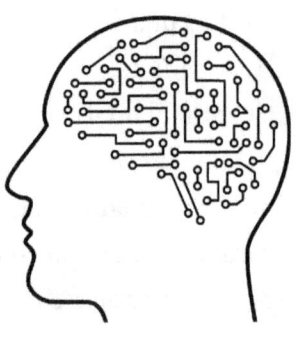 concentrarte en tus propias necesidades. Por esas razones, nuevos pasos te parecen aterradores. Si otros cubrieron tus necesidades en el pasado, es tentador evitar nuevos pasos hoy.

Se perderá la dopamina si permites que estas preocupaciones te desvíen de avanzar hacia tus metas. Pero no es necesario sacrificar una sustancia química para disfrutar de otra porque hay muchas formas de activarlas. Puedes crear un plan para recompensarte a corto plazo por los pasos que te llevan a algo bueno en el largo plazo. Un pequeño paso es todo que se necesita para poner en marcha tu dopamina. Tu paso crea expectativas positivas sobre tu próximo paso, por lo que querrás seguir avanzando. Creer en el poder de tus propios pasos es una habilidad que se aprende. Si no lo aprendiste ayer, lo puedes aprender hoy.

HAZ QUE SUCEDA

Completa estos ejercicios para diseñar tus nuevos caminos para dopamina.

o **Piensa en una meta a corto, a mediano y largo plazo.**

___

___

___

○ Piensa en algo que te frustra y diseña pequeños pasos realistas para arreglarlo. Asegúrate de concentrarte en tu propia vida más que en otras cosas más abstractas y exógenas.

_____

_____

_____

○ Enumera una lista de actividades de búsqueda o investigación que puedas disfrutar. La próxima vez que te sientas mal, tómate 20-40 minutos haciendo alguna de estas actividades.

_____

_____

_____

TU FUTURO de OXITOCINA

Hoy aprenderás a:
o repetir pequeños pasos para establecer la confianza social
o reparar la confianza rota y de esta forma aliviar el cortisol
o generar expectativas positivas sobre el apoyo social

Tu mamífero interior siempre está buscando un apoyo en el que pueda confiar. Es genial saber que la confianza se construye con pequeños pasos. Cada vez que se da y se recibe confianza, se construye una ruta de oxitocina, lo que facilita su activación la próxima vez. Entonces, ¿cómo puedes dar y recibir confianza?

Hacerlo conscientemente se siente extraño porque la mayoría de nuestras rutas de confianza se construyen sin pensamiento consciente. Tú aprendiste tu lengua materna sin una intención consciente y también aprendiste sobre la confianza social de la misma manera. Un ejemplo simple es la amistad que se forma entre los compañeros de habitación de primer año de la universidad. Los pequeños momentos de confianza construyen grandes rutas de oxitocina cuando se repiten con el tiempo. Vínculos entre personas que comparten una oficina se crean de una manera similar, aunque es más difícil en la adultez cuando hay menos mielina.

La mayoría de tus circuitos de oxitocina se construyeron de forma lenta, pero también hay formas de hacerlo más rápido. Si alguien te rescata de una amenaza real, tu oxitocina surge porque has recibido protección y apoyo real. El gran aumento crea un gran camino, por lo que sientes que puedes contar con esa persona, incluso si en realidad no puedes. Ahora imagina que tú, rescatas a una persona de algún peligro. Esa persona estará programada para verte como un héroe. Puede que no te sientas como un héroe, o incluso no tengas la intención de volver a rescatarla en el futuro, pero la oxitocina generada crea un circuito muy fuerte.

Los vínculos construidos por accidentes de experiencia no son suficientes para llenar tu vida con confianza social. Los circuitos de oxitocina que se construyen en la juventud tampoco son guías perfectas. Afortunadamente, puedes diseñar nuevas rutas de oxitocina alimentando a tu cerebro con nuevos aportes sobre la confianza social. No puedes controlar a los demás, por supuesto, por lo que debes concentrarte en los pasos que sí están bajo tu control. Puedes planificar nuevos pasos para ofrecer apoyo a los demás y recibir gentilmente cualquier apoyo que se te ofrezca. A continuación, se muestran algunos ejemplos sencillos de pequeños pasos hacia la confianza social:

- escuchando a una persona
- echando una mano sin tratar de controlar
- honrando tu compromiso con alguien
- viendo alguna situación desde su perspectiva
- aceptar ayuda con respeto en lugar de hostilidad.

He aquí un ejemplo sencillo. Imagínate a un vecino al que nunca has conocido. Tienes un mal presentimiento sobre esa persona porque tus viejas expectativas negativas influyen. Decides dar pequeños pasos hacia esa persona: contacto visual, una sonrisa, un ofrecimiento de ayuda. No te enojarás si no te corresponde de inmediato. No te lo tomarás como algo personal ya que no puedes conocer los viejos circuitos de esa persona. Le das tiempo para que responda a su manera. Mientras tanto, tomas pequeñas iniciativas con otros. Una pequeña iniciativa al día significa que estás plantando muchas semillas. Esas semillas brotarán en un tiempo futuro que no

puedes predecir. Un día, una persona se acercará a ti y otro día, otra persona. Seguirás respondiendo con pequeños pasos.

No es necesario invertir dinero para generar confianza; tienes que invertir energía. No tienes que renunciar a ti mismo para construir circuitos de oxitocina; solo tienes que cerrar la brecha entre tus necesidades y las necesidades de los demás. No puedes controlar lo que hacen los demás, pero si construyes tu lado del puente con diferentes personas, algunas de ellas te corresponderán. No puedes controlar quiénes ni cuándo, pero da por seguro que tendrás agradables sorpresas si sigues construyendo. Y finalmente, lograrás tener una gran red de apoyo social.

Una red de confianza es la forma de apoyo para adultos modernos. No es el apoyo que tienes de niño o como miembro de una tribu tradicional. Esa red no te apoyará a cada minuto, pero puedes confiar en que estará ahí cuando la necesites. Esto te permite vivir de forma independiente y al mismo tiempo aliviar el miedo al aislamiento de tu mamífero interior.

Quizás puedas pensar, "¡Ya he hecho suficiente!, ¡otros deberían hacer su parte!". Este es un patrón de pensamiento generalizado porque no podemos ser jueces objetivos del apoyo que damos o recibimos. A veces puedes dar apoyo de una manera que satisface tus necesidades, pero no las de otros. A veces recibes apoyo, pero no lo notas porque estás concentrado en cualquier otra amenaza potencial.

Las expectativas poco realistas son un obstáculo para la oxitocina. Causan decepción con el apoyo que ya tienes y te impiden dar nuevos pasos. En cambio, puedes alimentar a tu cerebro con expectativas más realistas y disfrutar de más oxitocina.

Es realista recordar que todos somos mamíferos y queremos apoyo porque eso promueve nuestra supervivencia. La necesidad de apoyo es básicamente egoísta, pero tienes que manejar tus impulsos egoístas para ganarte la confianza de los demás. Tienes que dar apoyo para conseguir apoyo.

No vas a hacer esto si estás previendo fallar. Con expectativas positivas es más fácil dar y recibir confianza. Tus expectativas deben ser tanto realistas como positivas. Enfréntate a este desafío y podrás disfrutar de oxitocina.

Por ejemplo, cuando creas que alguien te ha defraudado, busca otra explicación. Cuando creas que no le agradas a alguien, también puedes encontrar otras posibilidades. Los lentes que construiste en el pasado están siempre filtrando tu información. Pero siempre puedes probar nuevos lentes. Puedes cambiar tus expectativas con pequeños pasos repetidos.

A menudo queremos una forma rápida de generar confianza en lugar de hacerlo lentamente. Pero el cerebro de los mamíferos está diseñado para tomar decisiones cuidadosas sobre cuándo confiar. Por ejemplo, si alguien te quiere regalar un automóvil, no necesariamente confiarías en esa persona, aunque decidas aceptar el automóvil. La confianza no se gana con grandes gestos porque la gente sabe por experiencia que los grandes gestos rara vez son sostenibles. Los grandes gestos llaman la atención, pero no necesariamente superan el cortisol de la desconfianza. Incluso pueden aumentar la desconfianza.

La desconfianza es una ruta de cortisol construida a partir de experiencias pasadas. El cortisol te dice que no es seguro bajar la guardia con esta persona, por mucho que te gustaría tener la oxitocina.

Se puede reparar la confianza rota en pequeños pasos, para aliviar el cortisol de estar en malos términos con alguien. Se puede empezar con pequeños pasos para que ninguno de los dos se sienta amenazado. Con el tiempo, se puede dar otro pequeño paso. Al final, te sentirás genial cuando te correspondan. No esperes resultados inmedíatos. Mientras tanto, da pequeños pasos hacia los demás.

Es realista recordar como un simio que acicala a otro, rara vez recibe un acicalamiento inmedíato a cambio. Por lo general, recibe reciprocidad en una forma diferente y en un momento diferente. El cerebro del simio llevará la cuenta y decidirá si seguir haciéndole cariño a un individuo del que está decepcionado o si invertir su esfuerzo en otra parte. También nosotros, llevamos la cuenta, aunque odiemos admitirlo. Por desgracia, no somos jueces objetivos de la reciprocidad. Fácilmente recordamos fácilmente las decepciones que experimentamos y olvidamos las veces que nosotros mismos decepcionamos a los demás.

Todo el mundo ha tenido decepciones en su pasado, por lo que la búsqueda de oxitocina nos pone en contacto con nuestra antigua red de decepción y la antigua red de otra persona. Estos viejos circuitos filtran nuestra información, pero tú tienes el poder de quitarte las gafas del cortisol y ver nueva información.

Puedes aceptar el hecho de que tu mamífero interior quiere protección para promover tu supervivencia y que otros quieren lo mismo que tú. Si estás indignado por eso, inundarás tu vida con cortisol. Es mejor aceptar la realidad de los impulsos mamíferos y no esconderlos con palabras floridas.

No puedes controlar la confianza de los demás, pero si controlas tus propios pasos, tu lado del puente será construido. Con el tiempo, tendrás puentes con muchas personas. Estimularás la oxitocina porque confías en los demás y te verán a ti como una persona digna de confianza.

No debes esperar el apoyo de todos todo el tiempo. Eso no es realista. A veces no obtendrás el apoyo que deseas y el cortisol te hará sentir como si eso fuera una amenaza. Tu cerebro verbal busca evidencia que el mundo te ha abandonado, y encontrará evidencia, porque es muy bueno en esto. Esa evidencia crea un camino que facilita más pensamiento negativo en el futuro. Podrías terminar fácilmente convencido de que la gente está en tu contra.

Si buscas patrones en estos sentimientos, los encontrarás. Verás cómo te estás reactivando o reflejando en las decepciones de tu pasado. En cambio, podrías alimentar a tu cerebro con nuevos aportes y generar nuevas expectativas.

Alimenta tu cerebro con la idea realista de que los otros son mamíferos que quieren confiar tanto como tú, y temen a la decepción tanto como tú. Sus temores son diferentes, por supuesto, porque los construyeron a partir de sus propias experiencias.

Cuando esperas una decepción, no tomas los pasos necesarios para generar confianza. En cambio, cuando esperas recompensas a partir de pequeños pasos, sigues avanzando.

La dopamina te recompensa por al dar un paso hacia la oxitocina, razón por la cual la gente se emociona con una "gran cita" o la aceptación en un club importante. La serotonina te recompensa si recibes apoyo de personas importantes. Las sustancias químicas felices trabajan juntas para ayudarte a obtener apoyo social.

Pero es difícil mantener expectativas positivas y realistas. Fácilmente podemos ser demasiado positivos o demasiado negativos. Echemos un vistazo más de cerca a ambos casos.

Es fácil ser demasiado positivo porque una visión idealizada de los vínculos sociales es popular.

Escuchamos hablar de "apoyo incondicional", lo que crea la idea de que otras personas están recibiendo esto. Palabras como "empatía" y "altruismo" crean una imagen glorificada de los lazos sociales. Imágenes románticas de armonía animal se difunden sin tomar en cuenta los hechos biológicos. La vida diaria no alcanza estas expectativas idealizadas, entonces parece que nos estamos perdiendo de algo.

Es fácil ser demasiado negativo porque las decepciones infantiles se mielinizan. Viejos circuitos te preparan para pensar "nadie me acepta" y para encontrar señales de rechazo, crítica y hostilidad. El patrón de decepción existe en cada persona, ya sea que recibió mucho o poco apoyo en la juventud. Si tú obtuviste mucho, tendrás que ajustarte a la realidad adulta donde no siempre te van a ofrecer apoyo, y, si lo hacen, ellos esperan reciprocidad. Si obtuviste poco apoyo, tendrás que aprender la forma de dar y recibir apoyo de manera saludable. Todos terminamos en el mismo lugar, porque el cerebro mamífero hace que sintamos temor a la falta de apoyo.

Es difícil ser realista. Cuando alguien te sonríe, es fácil tener la esperanza de que te amarán para siempre y te rescatarán de tu miseria ... o al menos comprarán tu novela. Cuando alguien te echa una mano, tu mamífero interior espera conquistar el mundo al lado de esta persona por siempre. Por eso esperas que la nueva pareja esté de acuerdo contigo en todo. Esperas que tu nuevo jefe se sorprenda con tu talento. Esperas que un nuevo vecino sea tu aliado en tu guerra con el mundo. La decepción es inevitable. Pero puedes aprender a darte cuenta de tus expectativas y dar un paso hacia la confianza social antes del almuerzo, y otro paso después de la cena. Verás como la buena sensación de bajar la guardia se encenderá.

Esto es difícil, y por eso, los atajos son populares.

Ir a un estadio y animar a un equipo o una banda puede darte la sensación de tener un vínculo compartido con miles de personas. Cuando el juego o el concierto termine, esas personas no estarán ahí para ti, y tú no estarás ahí para ellos. Pero la oxitocina se ha estimulado porque nuestros antepasados encontraron seguridad al estar al lado de muchas más personas. Nos gusta la sensación de estar en una gran manada, pero no nos gusta estar atados a una manada y por eso creamos manadas temporales que estimulan una confianza temporal. El mundo moderno te permite diseñar tu propia red de confianza en lugar de obligarte a comprometerte con una tribu. Pero si no construyes tu propia red de confianza, no tendrás ninguna.

Las mascotas son otro atajo popular. Se dice que las mascotas estimulan la oxitocina, pero la realidad es

que los animales no pueden apoyarnos como lo hacen los humanos. Si te das por vencido con los humanos, no se satisfarán tus

necesidades reales de apoyo. Por mucho que ames a tu mascota, sentirás que algo te hace falta. Puedes solucionarlo repitiendo pequeños pasos de confianza hacia los humanos.

Un atajo de oxitocina muy popular es la vinculación alrededor de tus malos hábitos. Las personas que comparten tu mal hábito te hacen sentir seguro y apoyado. Por supuesto, obtendrías un mejor apoyo de las personas que evitan ese hábito, pero tus circuitos antiguos los verán como una amenaza. Por lo tanto, te vinculas con personas que apoyan tu hábito, dificultando su ruptura.

Gastar dinero también es un atajo bien conocido. Imagina que compras un regalo de cumpleaños o una cena cara para alguien. Puedes decir que no tenías expectativas, pero cuando las expectativas inconscientes te decepcionan, el cortisol aumenta. Y eso hace que te sea más difícil confiar en el futuro. Es mejor repetir pequeños actos de confianza en el tiempo.

La política es otro atajo popular de oxitocina. Te dices a ti mismo que la política busca un bien común, pero en realidad lo que hace es que con ella buscas tu propio bien, con la ilusión de encontrar apoyo social. La política se centra en enemigos comunes, lo que crea vínculos instantáneamente entre todos los que están "de nuestro lado". La serotonina aumenta la sensación de bienestar cuando tu lado se siente superior. La dopamina se estimula cuando tu grupo hace buenas predicciones.

Pero en realidad, pagas un precio muy alto por el camino de escoger la política como una ruta hacia la oxitocina. Ya que temes de tus "enemigos" todo el tiempo. Y también temes perder a tu rebaño si te desrutas de alguna manera. Incluso si lo haces, podrían señalarte como un "enemigo" también. En este caso, podrías sumarte a otra causa política, pero inevitablemente pasará lo mismo. En cambio, puedes evitar ser un seguidor de rebaños creando lazos de confianza uno a uno.

Si esperas que la confianza venga sin esfuerzo, no harás lo que es necesario para crearla. Si culpas a otros por no apoyarte, no tomarás las medidas necesarias. Muchas personas quieren más oxitocina pero no toman las medidas necesarias.

Tu mamífero interior siempre está tomando decisiones sobre dónde invertir tu energía limitada. Siempre estás decidiendo qué puentes construir y otros están haciendo lo mismo. No puedes invertir en todos los demás, y todos no pueden invertir en ti, por lo que si esperas, te decepcionarás. En cambio, puedes celebrar tu poder para decidir hacia quién dar un paso y qué paso dar. Tú decides a quién darle cariño. No podrás controlar las respuestas de los demás, pero sí podrás controlar tu próximo paso.

HAZ QUE SUCEDA

Completa estos ejercicios para diseñar tus nuevas rutas de oxitocina.

o Piensa en una pequeña forma de generar confianza con alguien y hazlo antes del almuerzo. ¡No les compres algo! No esperes una recompensa inmediata. Solo nota tus propias buenas sensaciones.

_____

_____

_____

o Comprométete a realizar un pequeño acto de confianza cada día durante 45 días. Da confianza y recibe confianza en días alternos. Puedes dar confianza siendo útil para una persona o teniendo una expectativa positiva sobre una persona. Puedes recibir confianza actuando de manera confiable, para ayudar a alguien a construir una expectativa positiva sobre ti.

_____

○ **Planifica un evento que ofrezca oportunidades para generar confianza. Observa tus sentimientos mientras planeas: el miedo de la decepción y la emoción de acercarte a una recompensa.**

TU FUTURO de SEROTONINA

Hoy aprenderás a:
o sentir tu importancia social de una manera sana
o manejar tus sentimientos de inferioridad
o aceptar el deseo de ser especial en todos

Anhelas sentirte importante, lo quieras o no. Sin embargo, no hay una manera fácil de conseguir este sentimiento y la decepción te hace sentir incomprensiblemente mal. Puedes terminar sintiéndote muy amenazado, aunque tu vida es mucho más segura de lo que tus antepasados soñaron tener. Afortunadamente, hay algo mejor.

La solución es darle a tu mamífero interior lo que quiere de forma sostenible. Por ejemplo, puedes darte un sentimiento de importancia en lugar de esperar que el mundo te lo dé. Esto puede parecer arrogante, estúpido o triste porque preferimos el reconocimiento de los demás en lugar de dárnoslo nosotros mismos. Pero perseguir los aplausos del mundo no es sostenible. Eso conlleva cortisol, y la tentación de detenerlo de formas dañinas.

Labrarte tu propio camino hacia la importancia social es una habilidad que puedes aprender. Da miedo al principio. El solo hecho de pensar en tu posición social, puede desencadenar circuitos negativos relacionados con tu pasado. Parece que hay dos malas elecciones: esforzarte sin fin o renunciar sin esperanza. Pero también puedes abrir un camino intermedio para sentirte importante desde tu propia mente. Puedes conectarte para sentirte importante de una manera más amable y respetuosa contigo mismo.

Puedes pensar que estás por encima de todas estas tontas posturas de querer sobresalir. Puedes sentirte superior a las personas que buscan este sentimiento. Pero luego ves que esas personas logran más importancia social que tú, y tu cortisol se enciende. Terminas resentido, incluso odiando, a las personas que obtienen el reconocimiento social que tú también estabas buscando. El cortisol te duele y liberarás más cada vez que ves que los "buscadores de estatus" obtienen más recompensas.

Puedes insistir en que realmente no te interesa el dominio social. Pero nuestro cerebro siempre se enfoca en la necesidad insatisfecha. Cuando se satisfacen tus otras necesidades, la necesidad de un estatus más alto te llama la atención. En el pasado, las personas invertían más energía en encontrar comida y agua, por lo que tenían menos energía para buscar serotonina. Hoy en día, la gente puede dedicarse a la "búsqueda de la gloria". Esto hace que cada oportunidad parezca urgente y que cada obstáculo parezca una crisis.

El cerebro verbal lucha por explicar esos sentimientos fuertes. Te reflejas en las explicaciones de las personas que respetas. A veces estás reproduciendo sus hábitos de búsqueda de serotonina sin darte cuenta. Es mejor que diseñes tu propia forma de gestionar tu impulso natural de comparación social. Puedes abrir un camino que esté entre ambos extremos, el de demasiada búsqueda de estatus y el de renunciar a ello.

Si tratas de ser el simio más grande todo el tiempo y dominar a todos, nadie querrá estar cerca de ti y algún día un simio más grande probablemente te hará daño. Pero si te ves a ti mismo como un pequeño simio dominado, te perderás la serotonina. Para disfrutar de un punto medio, debes mantenerte alejado del carril rápido y del carril lento.

La vida en el carril del medio significa encontrar formas saludables de satisfacer la necesidad de importancia social de tu mamífero interno. Nadie aprende esto formalmente porque el cerebro de los mamíferos no se conoce ampliamente. Pero tú puedes aprenderlo hoy.

El primer paso es darte cuenta de tus pensamientos de comparación social y aceptar tu impulso natural de buscar las recompensas de la serotonina. El segundo paso es construir rutas saludables de serotonina alimentando a tu cerebro con pensamientos saludables sobre la comparación social. El tercer paso es repetir estos ejercicios para que fluya un nuevo circuito.

Un pensamiento saludable es aquel que te ayuda a sentirte importante sin menospreciar a los demás. Por ejemplo, si yo tejo una bufanda, puedo enorgullecerme de ella. No tengo que despreciar las bufandas de los demás. Y tampoco tengo que imaginarme a otros despreciando mi bufanda. Si escucho unas críticas en mi voz interior, puedo recordarme a mí mismo que mi cerebro mamífero las está creando, en lugar de culpar a los demás.

Por supuesto, hay personas que buscan fallas en "el tejido" de otras personas. Pero no necesito concentrarme en sus opiniones. Posiblemente, ellos disfrutan de un momento de serotonina cuando encuentran fallas en  los demás, pero eso los conecta a buscar fallas todo el tiempo. Viven en un mundo de críticas constantes. Tú puedes elegir algo diferente para ti. Puedes concentrarte en el orgullo de tus propias habilidades. Puedes manejar tu propio cerebro en lugar de tratar de manejar los cerebros de otras personas.

Es difícil ver lo bueno en tu propio tejido. Pensar bien de uno mismo viola un tabú y eso desencadena cortisol. Pero también obtienes un goteo de serotonina cuando te enorgulleces de tus acciones, y eso hará que sea más fácil volver a actuar en el mismo sentido. Cada paso del que estás orgulloso activa más serotonina. Con la repetición, un nuevo camino crecerá lo suficiente como para competir con el viejo circuito. No tienes que pasar tu vida concentrado en tus defectos.

Ser realista es importante. Si tu tejido es terrible, puedes enorgullecerte de corregir tus errores. El objetivo no es sentirte importante de falsas maneras. Eso no sería sostenible. El objetivo es tener confianza en tus propias habilidades, porque eso es lo que hace que tu mamífero interior se sienta seguro.

No importa dónde te encuentres en la vida, puedes ser feliz si aprendes a manejar tus impulsos de comparación social. Puedes aprender a darle a tu mamífero interior la posición de importancia sin dominar a los demás. Y lo que es más importante, puedes aprender a sentirte seguro en momentos en los que no estás en posición de importancia, en lugar de sentir que tu supervivencia está amenazada. No tienes que oscilar entre los extremos de la grandiosidad y la desesperación, porque puedes darte el reconocimiento que necesitas.

Los altibajos son inevitables en el camino hacia la serotonina. Es posible que otros mamíferos no aprecien tu nueva confianza. De hecho, es posible que les gustaras más cuando te menospreciabas. El conflicto estalla porque los mamíferos anhelan estatus, pero puedes navegar por este mundo de mamíferos poniéndote en alto sin menospreciar a los demás.

Por supuesto, es mejor obtener el reconocimiento de los demás que dártelo tú mismo. Pero si esperas a que el mundo te aplauda, nunca actuarás. Y nadie recibe aplausos antes de la acción. Los aplausos vienen después, si es que llegan. Tienes que hacer algo útil antes de que la gente se dé cuenta. Y también es posible que no se den cuenta durante mucho tiempo. La mayoría de las personas exitosas de la historia no fueron apreciadas mientras vivían. Si hubieran esperado el reconocimiento, no habrían hecho nada. Las comodidades con las que gozamos en la vida moderna son gracias a los esfuerzos que no obtuvieron la aprobación cuando se hicieron.

Aquellos que obtienen reconocimiento público también suelen ser atacados. Los mamíferos atacan a quienes tienen estatus para poder elevar su propio estatus. Tu vida no sería más fácil si tu estatus aumentara. Simplemente se sustituiría un sentimiento de amenaza por otro. Es mejor que aprendas a manejar tus sentimientos de amenaza. Si confías en la opinión pública para darte sentido de valía, no tomarás los pasos necesarios para construir un sentido de valía realista.

Puede parecer que un VIP disfruta de importancia social todo el tiempo, pero si estuvieras en su cabeza, verías su miedo de perder su posición ante simios más fuertes. Y también verás cómo se habitúa al estado que tiene, y deja de emocionarse. Un estatus elevado no activa la serotonina en poco tiempo porque el cerebro se habitúa y busca más estatus. La serotonina se metaboliza rápidamente, por lo que el buen sentimiento de un momento de estatus no dura. Ser mandamás no te hará feliz todo el tiempo. No vale tu energía.

Puede parecer que "salvar el mundo" te proporcionaría serotonina infinita, pero no es así. Tu expectación de reconocimiento te seguirá decepcionando a veces. Tu mamífero interior te compararía con otros salvadores del mundo. Notarás cuando otros reciben más reconocimiento, y te sentirás en posición inferior. Tu felicidad aún dependería de tu capacidad para manejar los sentimientos negativos.

Nadie obtiene un pase gratuito para segregar serotonina. Es un desafío abrumador, por lo que diversos atajos para conseguir serotonina son populares. Los atajos son hábitos que alivian los sentimientos negativos rápidamente, de la misma manera que la comida chatarra alivia el hambre rápidamente. Puedes considerarlo como un "estatus chatarra." Al igual que la comida chatarra, el estatus chatarra te perjudica a largo plazo, pero lo anhelas a corto plazo. Hay infinitas formas de estatus chatarra, y cada generación desarrolla nuevas formas a medida que las nuevas tecnologías crean nuevas oportunidades.

Las redes sociales son el estatus chatarra que llama nuestra atención hoy en día, pero es útil observar los rituales de búsqueda de estatus de las generaciones pasadas. Durante el siglo XIX, una cintura pequeña  era el símbolo de estatus popular y la gente sufría terriblemente por lograr tener una cintura pequeña. Durante el siglo XVIII, la gente se esforzaba por llevar la peluca más grande. Antes de eso, la gente se esforzó por construir el castillo más grande o la pirámide más grande. Cada cerebro aprende de lo que se reconoce en el mundo que lo rodea.

Otras formas populares de estatus chatarra incluyen hablar mal del jefe, ser el "salvador de tus hijos" y enorgullecerte de tu capacidad para aguantar bebiendo licor. Independientemente de cómo aprendas a sentirte importante, construyes un camino para repetir ese comportamiento, incluso si te duele a largo plazo.

La solución al estatus chatarra es la misma que la solución a la comida chatarra: abastecerse de premios saludables. Con un poco de planificación, puedes estar listo con formas saludables de darte un capricho y adquirir serotonina. Puedes crear algo o desarrollar una habilidad de la que estés orgulloso. Tu nueva fuente de orgullo construirá un camino que te desviará de apresurarte hacia la chatarra.

Probablemente hayas escuchado que ayudar a los demás es la clave de la felicidad. Las personas que se presentan como ayudantes o rescatadores reciben elogios públicos, por lo que las neuronas espejo hacen que esto parezca el camino a seguir. Pero tal vez ya lo hayas probado y, en lugar de hacerte feliz, te hizo sentir mal. Tu mamífero interior lo que escucha es que los demás importan más que tú, lo cual te hace sentirte mal. Puedes buscar alivio en el estatus chatarra. Pero hay otra forma: permite que tu mamífero interior piense que eres importante en lugar de pensar que solamente los demás son importantes.

Una excelente manera de sentirse importante es crear algo que dure. Tu cuerpo no durará y tu gran cerebro humano lo sabe. Los animales no son conscientes de su propia mortalidad, pero la corteza humana te permite imaginar un futuro del que no serás parte y que tus esfuerzos por sobrevivir fracasarán algún día. Este mal sentimiento  desaparecerá cuando crees algo que sobreviva aun cuando te vayas. Por ejemplo: un carpintero que hace una buena silla crea algo que sobrevivirá. Es solo una silla, pero calma el miedo del mamífero interno a su propia desaparición.

Los seres humanos siempre hemos trabajado para crear cosas duraderas porque eso alivia el cortisol y estimula la serotonina. Creamos niños, edificios, tecnología, arte, organizaciones y conocimiento que esperamos que sobreviva cuando nos vayamos. El camino hacia la creación está lleno de decepción, pero la gente sigue dando pasos porque el orgullo por su creación se siente bien.

Tener hijos era la principal forma de crear en el mundo antes de que existiera el control de la natalidad. Mantener a los niños con vida requería tanta energía que no quedaba mucho para crear otras cosas. Los niños llegaban rápidamente después de la pubertad, por lo que fácilmente las personas se convertían en abuelos a los treinta. Y ver a sus nietos reflejar sus tradiciones les daba la sensación de que su esencia individual sobreviviría. Su serotonina aumentó cuando imaginaron los avances de estatus de sus nietos. Y por supuesto, cualquier amenaza a su estado futuro desencadenaba cortisol. Pero pensar en los sueños que imaginaban para sus nietos, los aliviaba.

El control de la natalidad ha ampliado nuestras opciones para definir nuestro legado y formas de invertir nuestra energía. Pero todavía tenemos fuertes sentimientos sobre nuestro legado, incluso si no lo pensamos conscientemente. Puedes ver lo mucho que la gente se esfuerza por mejorar el estatus de sus creaciones, incluso si es solo una silla. La serotonina se metaboliza rápidamente por lo que las personas se esfuerzan una y otra vez. Nos preocupamos por nuestro legado con la misma energía que los animales invierten en mantener vivos sus genes. La selección natural construyó un cerebro que te recompensa con sustancias químicas felices cuando haces cosas que promueven la supervivencia de tu esencia individual.

No es necesario ser un rey con un castillo para crear algo duradero. Un maestro que inspira a un niño tiene un impacto duradero. Un cocinero que inventa una receta crea algo duradero. Un fontanero que coloca tuberías crea algo duradero. Siéntete orgulloso de lo que construyes y aliviarás los sentimientos de amenaza mientras generas serotonina.

Los fontaneros suelen criticar el trabajo de otros fontaneros. Los cocineros a menudo critican la cocina de otros. El profesor a menudo condena la enseñanza de otros. Los creadores comparan su trabajo con el de otros y anhelan creer que su trabajo es superior. Se sienten injustamente privados del reconocimiento que merecen, porque el cerebro de los mamíferos provoca eso. Esto puede llenar tu vida de cortisol. Pero puedes aprender a enorgullecerte de tu propia creación sin menospreciar las creaciones de otros. Simplemente sigue redirigiendo tu mente al siguiente paso, hacia la construcción de algo de lo que te sientas orgulloso.

Cada paso dado con orgullo construye el camino que facilita el siguiente paso. Cuando sea difícil, puedes recompensarte con premios saludables para crear asociaciones positivas. Puedes hacer las paces con tu impulso de búsqueda de estatus en lugar de enfadarte por la búsqueda de estatus de los demás.

Aún puedes condenar esto como "ego". Es posible que todavía odies a las personas que se sienten importantes e insistan en que no le importan esas cosas. Pero diga lo que diga tu cerebro verbal, tu cerebro de mamífero te compara con los demás y responde con sustancias químicas agradables o desagradables. Si no gestionas esto conscientemente, tus circuitos antiguos lo gestionarán. Buscarás el estatus de formas que funcionaron en tu pasado, incluso si te duele hoy. Pensarás que los demás te menosprecian porque no ves cómo te menosprecias a ti mismo. Afortunadamente, puedes reemplazar esos viejos circuitos de pensamiento alimentando a tu cerebro con nueva información.

HAZ QUE SUCEDA

Completa estos ejercicios para diseñar nuevos caminos hacia la liberación de serotonina.

o **Piensa en un paso que podrías dar del cual te sientas orgulloso y dalo hoy. Luego planea tu próximo paso.**

_____

_____

_____

- Genera una lista de pasos de los cuales te sientas orgulloso. Cuando te sientas menos importante o inferior, observa esta lista y toma algunos pasos.

  _____

  _____

  _____

- Haz un plan para repetir un paso del cual te sientes orgulloso todos los días. Incluye algunas recompensas inmediatas saludables para construir asociaciones positivas hasta que se sienta natural.

  _____

  _____

  _____

DISEÑA TUS RUTAS SOSTENIBLES

Hoy aprenderás a:
o abrir un nuevo camino en tu cerebro
o escoger el camino que sea correcto para ti
o seguir intentándolo hasta que fluya

Puedes abrir un nuevo camino hacia tus sustancias químicas felices repitiendo una nueva elección hasta que las neuronas se conecten. Se necesita mucha repetición para que un nuevo camino crezca lo suficiente como para competir con uno antiguo. Fluyes más fácilmente con cada repetición, aunque el circuito antiguo siempre está ahí para tentarte.

Tienes que definir tu nueva ruta para poder repetirla. Apuntar a algo que ya te gusta, hace que sea más fácil comenzar porque ya tienes alguna conexión con tus químicos felices. ¿Qué te gusta que también sea sostenible? Este es un desafío, pero puedes enfrentarlo porque comprendes tu cerebro.

Para tener éxito, concéntrate en un solo camino nuevo a la vez. Comienza con algo pequeño para generar confianza en tu neuroplasticidad. Entonces podrás afrontar tu gran desafío. Si todavía es difícil, divide ese gran desafío en partes más pequeñas y enfréntalo de una en una. Por ejemplo: mi dentista hizo que aprendiera a usar hilo dental haciéndome prometer que usaría el hilo dental solo un diente al día.

Una excelente manera de construir un nuevo camino es repetir tu nueva elección durante 45 días y recompensarte el último día. Si pierdes un día, comienza de nuevo para tener 45 días seguidos sin excusas. El día 45 estarás tan feliz con tu nueva ruta neuronal que querrás construir otra.

Puedes detener un mal hábito reemplazándolo por uno nuevo. Piensa en un viejo hábito como una autopista en tu cerebro. Necesitas construir una nueva carretera y también una rampa de salida para pasar del hábito viejo al nuevo. Cuando te sientas mal, fluirás hacia una estrategia de auto-calma si la diseñas cuidadosamente y la repites.

Quizá todavía pienses que la felicidad no debería ser tan difícil. Tal vez todavía pienses que las sustancias químicas felices fluyen sin esfuerzo en los demás y que eso es lo que tú también deseas. Estas creencias son tentadoras, pero ahora conoces los hechos. Las sustancias químicas felices no duran mucho tiempo. Cada racha pasa pronto y todos tenemos que tomar más acciones si queremos obtener más. Todos usamos viejos caminos construidos para buscar sensaciones de bienestar, hasta que construimos caminos nuevos.

¿Estás pensando que estás atascado en malos caminos y que otros tienen un camino más fácil hacia la felicidad? Es natural compararte con los demás, aunque no conozcas toda su historia. Pero mientras te concentras en los demás desperdicias energía que podrías haber invertido abriendo tus propios nuevos caminos. Aquí tienes una historia sencilla que te ayudará a lograrlo:

Cinco adolescentes tocaban en una banda y soñaban con ser "grandes". Hicieron una audición para una banda famosa, pero solo uno de ellos fue contratado. Los otros cuatro respondieron de cuatro formas diferentes.

Uno de ellos se llenaba de cortisol cada vez que miraba su guitarra, así que la guardó y nunca volvió a mirarla. Esto le enseñó a su cerebro a manejar el cortisol evitando cosas. Evitaba muchas.

El segundo, mantuvo vivo su sueño yendo a fiestas y hablando sobre la gran banda en la que tocaría algún día. Eso le hizo sentirse bien, así que empezó a festejar más. Se drogaba cuando practicaba y pensaba que sonaba genial. A medida que pasaban los años, nadie quería trabajar con él excepto otras personas intoxicadas. No se estaba acercando a su sueño, por lo que dejó de activar su dopamina. La fiesta encendió su dopamina, así que se concentró en eso. Murió joven.

El tercer chico decidió tomarse en serio su carrera musical. Pero anticipaba el rechazo cada vez que tenía una audición. Se imaginaba que las personas para las que estaba haciendo una audición se reirían de él y comenzó a odiarlas. Solo pensar en hacer una audición le provocaba cortisol y eso hizo que fuera más difícil tocar. Tenía momentos de alivio al usar la palabra "idiota" para referirse a cualquiera que tuviera el poder de contratarlo. Pero luego, la realidad lo inundaría y el cortisol haría que le temblaran las manos. Por eso pensó que algo andaba mal con sus manos. El médico no pudo encontrar nada, pero él prefirió hacerse cantante para evitar usar sus manos. Su cortisol descontrolado erosionó su voz para cantar y su salud. Ahora canta en el sofá del sótano de sus padres.

El cuarto, decidió mejorar sus habilidades tomando lecciones. También tomó un curso de preparación mental para hacer audiciones. Estudió todo lo que requería durante sus lecciones, pero falló siete audiciones. Finalmente, una banda menor lo aceptó y se emocionó. Sin embargo, la banda no ganaba mucho dinero, por lo que comenzó a dar lecciones de música para mantenerse. Trabajó duro para comunicarse de manera efectiva con sus estudiantes y sus padres. Las personas valoraron su habilidad y empezaron a recomendarlo. Continuó dando el siguiente paso para satisfacer sus necesidades, y eso entrenó a su cerebro para esperar recompensas si se concentraba en el siguiente paso. Ahora es dueño de una gran escuela de música que brinda placer a muchas familias.

Siempre estás entrenando tu cerebro con tus pensamientos y acciones. Puedes elegir pensamientos y acciones que allanen caminos felices en lugar de caminos de amenazas.

Durante estas dos semanas has aprendido lo que se necesita para activar sustancias químicas felices en este cerebro que hemos heredado. Has descubierto por qué nuestras sustancias químicas dependen de rutas antiguas y cómo podemos adaptarlas con la repetición. Ahora, eres una persona preparada para abrir nuevos caminos hacia las sustancias químicas felices concentrándote en tu próximo paso.

Puedes decir que este no es un buen momento porque estás pasando por una mala racha. Pero la vida está llena de momentos difíciles y los químicos felices están ahí para ayudar. No hay una única manera correcta. Puedes diseñar la ruta hacia una química feliz que sea adecuada para ti. Aquí tienes una historia que te ayudará:

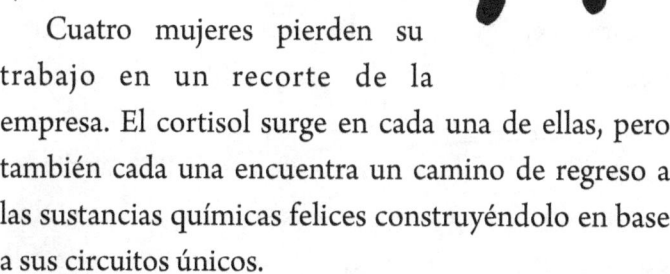

Cuatro mujeres pierden su trabajo en un recorte de la empresa. El cortisol surge en cada una de ellas, pero también cada una encuentra un camino de regreso a las sustancias químicas felices construyéndolo en base a sus circuitos únicos.

La primera mujer decide recortar sus gastos para asegurarse de que sus ahorros duren hasta que encuentre un nuevo trabajo. Pero cada vez que intenta resistirse a una compra, su cortisol aumenta. Sabe que está activando viejos circuitos construidos a partir de las dificultades de su juventud. Cuando el mal presentimiento se enciende, quiere derrochar dinero porque eso es lo que hizo su familia cuando ella era

joven. Se dice a sí misma que está bien hacerlo porque eso la pondrá de mejor humor, y esa buena actitud la ayudará a conseguir un trabajo.

Afortunadamente, ella ha estado aprendiendo sobre el cerebro. Sabe que se liberan sustancias químicas felices cuando se avanza hacia la satisfacción de una necesidad, pero que nuestro cerebro define las "necesidades" con rutas neuronales construidas en la juventud. Ve como el gasto imprudente de sus padres definió sus "necesidades". Ella se percata de cómo ahorrar dinero le vinculó con su cortisol a pesar de que su cerebro consciente sabe que es la mejor estrategia de supervivencia. Así que decide construir un nuevo camino alimentando a su cerebro con nuevos insumos. Cada vez que toma una decisión para ahorrar dinero, se detiene para sentirse orgullosa de su acción y para imaginarse a sí misma más cerca de la meta. Luego se recompensa con diez minutos de lectura de una novela que siempre había querido leer. Cada semana que mantiene sus gastos dentro del presupuesto, celebra de una manera que no cuesta nada. Se siente bien y sus ahorros duran hasta que encuentra un nuevo trabajo.

La segunda mujer se asusta cada vez que solicita un trabajo. Teme que un error ortográfico la descalifique, por lo que revisa su trabajo una y otra vez antes de presionar "enviar". Como resultado, ella envía muy pocas solicitudes. Afortunadamente, ha estado aprendiendo sobre su cerebro. Se da cuenta de cómo el botón de enviar desencadena el miedo de las críticas cableado por críticas que recibió hace mucho tiempo. Decide crear una nueva ruta que vincule sus sustancias químicas de recompensa con el botón de envío. Se fija un objetivo de enviar solo cinco solicitudes por día y planea una recompensa después de enviar cada una: un café después del número uno, una breve llamada telefónica a un amigo después del número dos, un paseo después del número tres, una comida saludable después del número cuatro y un pasatiempo divertido después del número cinco. Después de muy poco tiempo, aplicar a los trabajos se siente natural y, literalmente, se olvidó del pánico al presionar el botón de "enviar".

La tercera mujer decide recurrir a su frasco de pastillas cuando se entera del despido. La botella está medio vacía, por lo que se concentra en abastecerse, ya que está segura de que las necesitará. Su médico dice que no puede suministrarle más medicamentos, entonces busca alternativas. Dicha búsqueda la distrae de pensar en su futuro. Cuando las píldoras comienzan a acabarse, se dice a sí misma que nadie contratará a una adicta que no ha trabajado un día completo en años. Eso le hace sentir tan mal que busca más pastillas. Afortunadamente, empezó a aprender sobre su cerebro.

Recuerda la primera vez que aprendió a distraerse de malos sentimientos. Recuerda cómo sonaban los conflictos familiares cuando era niña y cómo salió con sus amigos para escaparse. Recuerda cómo se drogó y de haberse sentido orgullosa de su capacidad para escapar. Ahora, se da cuenta con horror de que estaba reflejando el camino hacia el orgullo de los miembros de su familia. Ve que necesita una nueva forma de sentirse especial para poder abandonar el hábito antiguo. Decide buscar ayuda ya que ese antiguo circuito es muy profundo. Recibe asesoramiento sobre abuso de sustancias y luego se une a un grupo de búsqueda de empleo. Las neuronas espejo la ayudan a activar la dopamina, la serotonina y la oxitocina con cada paso hacia un nuevo trabajo, por lo que sigue dando esos pasos hacia adelante. Ahora tiene una nueva vida de la que está orgullosa y nuevos caminos hacia las sustancias químicas que le hacen feliz.

La cuarta mujer responde a las malas noticias llamando a diez amigos y familiares. Al día siguiente, los vuelve a llamar. Al principio, la apoyan y le dicen lo que quiere escuchar. Pero al tercer día, la mitad de ellos no contesta. Habla acerca de ellos con los que sí le respondieron. Los chismes se convierten en su rutina diaria y está orgullosa de lo bien que se las está arreglando. Pero no toma medidas para encontrar un trabajo en el primer mes ni en el segundo. Sus amigos la ayudan a organizar entrevistas, pero ella considera las entrevistas como simples oportunidades para charlar y recibir apoyo. Nadie le ofrece trabajo.

Afortunadamente, esta mujer ha estado aprendiendo sobre su cerebro. Recuerda haber recibido apoyo en una crisis cuando era joven y ve cómo su ruta de navegación le hace esperar buenos sentimientos al pasar de una crisis a otra en lugar de satisfacer sus propias necesidades. Se siente muy mal cuando ve el patrón. Lamenta los años y el apoyo desperdiciados, pero le aterroriza la idea de hacer algo diferente. Entonces acepta a su mamífero interior con todas sus peculiaridades y comienza a diseñar el nuevo camino que quiere construir.

Ella hace un plan en el que se permite llamar a un amigo después de completar una solicitud de trabajo. Tendrá que completar cinco solicitudes al día para poder llamar a cinco amigos. Busca otras formas de recompensarse a sí misma para preservar sus amistades y aumentar su placer. A ella le gusta remodelar el hogar, por lo que saca sus herramientas y comienza un proyecto. Pronto, ella está ganando dinero ayudando a otros a remodelar. No es mucho dinero, pero sigue dando pasos y consigue un trabajo en una empresa de remodelación. Pronto, está tan ocupada que se olvida de sentirse sola.

Tienes poder sobre tu cerebro. Puedes desarrollar hábitos felices dando nuevos pasos. Al principio, se siente mal porque tu electricidad tiene problemas para fluir a lo largo de las neuronas que no estaban conectadas por tus experiencias previas. Pero con la planificación y la repetición, puedes conectar tus sustancias químicas felices para que se enciendan de nuevas formas. Puedes caminar hacia pastos más verdes en lugar de simplemente huir de las amenazas. ¡La electricidad en tu cerebro tendrá un nuevo lugar para fluir!

HAZ QUE SUCEDA

Completa los siguientes ejercicios para diseñar tu nuevo camino.

o **¿Qué nuevo hábito puedes comprometerte a construir? Comienza con algo pequeño para familiarizarte con el poder de tu cerebro y después enfócate en algo más grande.**

_____

_____

_____

o Haz una lista de algunas formas sostenibles de recompensarte al tomar un nuevo paso.

_____

_____

_____

o Piensa en un nuevo hábito que te ayude a encender cada sustancia química feliz. Si es un gran cambio para ti, ¿cómo puedes dividirlo en partes más pequeñas?

_____

_____

_____

SOBRE LA AUTORA

La Dra. Loretta Graziano Breuning es fundadora del Inner Mammal Institute y profesora emérita de gestión en la California State University, East Bay. Es autora de muchos libros sobre desarrollo personal, entre ellos Los Hábitos de un Cerebro Feliz: Reentrena tu cerebro para aumentar los niveles de serotonina, dopamina, oxitocina y endorfina.

Como maestra y madre, no estaba convencida de las teorías predominantes sobre la motivación humana. Hasta que aprendió sobre la química del cerebro que compartimos con los mamíferos, y todo tuvo sentido. Comenzó a crear recursos que han ayudado a miles de personas a hacer las paces con su mamífero interior. Su trabajo es citado en los principales medios de comunicación internacionales, y ha sido traducido a muchos idiomas.

La Dra. Breuning se graduó de la Universidad de Cornell y de Tufts. Antes de dedicarse a la enseñanza trabajó para las Naciones Unidas en África. En la actualidad es abuela de dos nietos.

SOBRE LOS TRADUCTORES

Mi más sincero agradecimiento por el gran trabajo realizado por mi equipo de traductores.

Andrés Cabezas Corcione, PhD, Chile
CEO y fundador de la Centro Latinoamericano de Psicología Positiva Aplicada
http://celappa.com

Gabriela Cordero, Costa Rica
Comunicadora, publicista, fundadora de
"We Mammals: A Mood Lifting Writing Community", y "Certified Inner Mammal Trainer"
https://www.wemammals.com

Alejandro Guerra Aguilera, Mexico
Ingeniero en sistemas computacionales, Psicoterapeuta humanista-gestáltico y Chef fundador de su emprendimiento de nutrición consciente,
https://sugaraware.com.mx

Claudía Juárez, México
Psicóloga Clínica, Consultora en Salud, Directora de Transforma tu Estres, y Autora del libro Todo lo que querías saber sobre el estrés de la A a la Z
https://www.transformatuestres.com

Manuel Oscar Morales Torres, PhD, México
Director General de Clínica Integral Lotus para tratamiento contra adicciones

Rafael Peiró, España
Consultor de recursos humanos y "Certified Inner Mammal Trainer"

Johanna Pinto Cáceres, Columbia
Publicista
linkedin.com/in/johanna-pinto-caceres

Alina Restrepo Upegui, Colombia
Coach (ontológica, conscious business, y de equipos, certificada por Intitute for Generative Lídership) y traductora de animaciones del Inner Mammal Inst
linkedin.com/in/alina-maria-restrepo-upegui-93266058

Aracely Reyna Moreno, Mexico
Profesora de secundaria, y traductora de animaciones del Inner Mammal Institute

SOBRE el
INSTITUTO del MAMÍFERO INTERIOR

InnerMammalInstitute.org

El Inner Mammal Institute ofrece vídeos, libros, podcasts, blogs, y multimedia para ayudarte a manejar tu mamífero interior. Descubra muchos recursos traducidos en: InnerMammalInstitute.org/espanol. Regístrese gratis en "5 Días para el buen comienzo con los neurotransmisores de felicidad."

Puede seguir el trabajo de la Dra. Breuning en muchas redes sociales, así como YouTube y PsychologyToday.com. Su podcast es: "The Happy Brain". Todos los recursos son gratuitos excepto los libros. Así que es fácil presentar a tus amigos un nuevo conocimiento de sus cerebros de mamífero.

MÁS LIBROS de
Loretta Graziano Breuning, PhD

Hábitos de un Cerebro Feliz:
Reentrena tu cerebro para aumentar los niveles de serotonina, dopamina, oxitocina y endorfina
edición en inglés:
Habits of a Happy Brain:
Retrain your brain to boost your serotonin, dopamine, oxytocin and endorphin levels

La Ciencia del Pensamiento Positivo:
Acaba con tus patrones de pensamiento negativo modificando tu química cerebral
edición en inglés:
The Science of Positivity: Stop Negative Thought Patterns By Changing Your Brain Chemistry

Status Games:
Why We Play and How to Stop

Tame Your Anxiety:
Rewiring Your Brain for Happiness

www.ingramcontent.com/pod-product-compliance
Lightning Source LLC
Chambersburg PA
CBHW031442040426
42444CB00007B/937